中公文庫

決定版

オーケストラ楽器別人間学

茂木大輔

目次

第2章　楽器別人格形成論

第3章　オーケストラ周辺の人々学

オケの前後左右にはいかなる人々がいるのか　123

決定版　オーケストラ楽器別人間学

※この配置は一例です。実際にはさまざまなバリエーションがあります。
また、ほかにもチェレスタ、ピアノなど、各種楽器が加わる場合があります。

Orchestra Seating Chart
［オーケストラ楽器配置図］

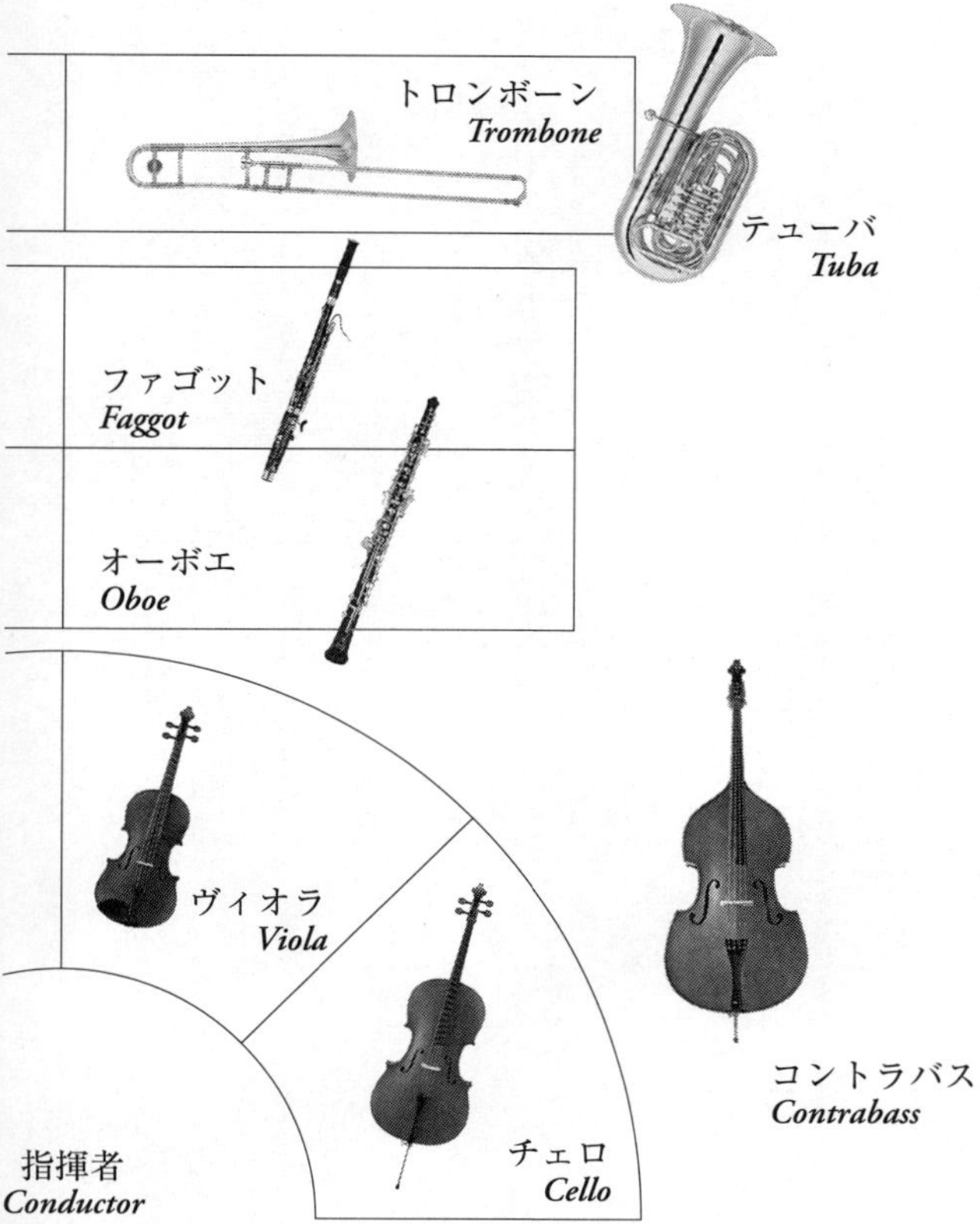

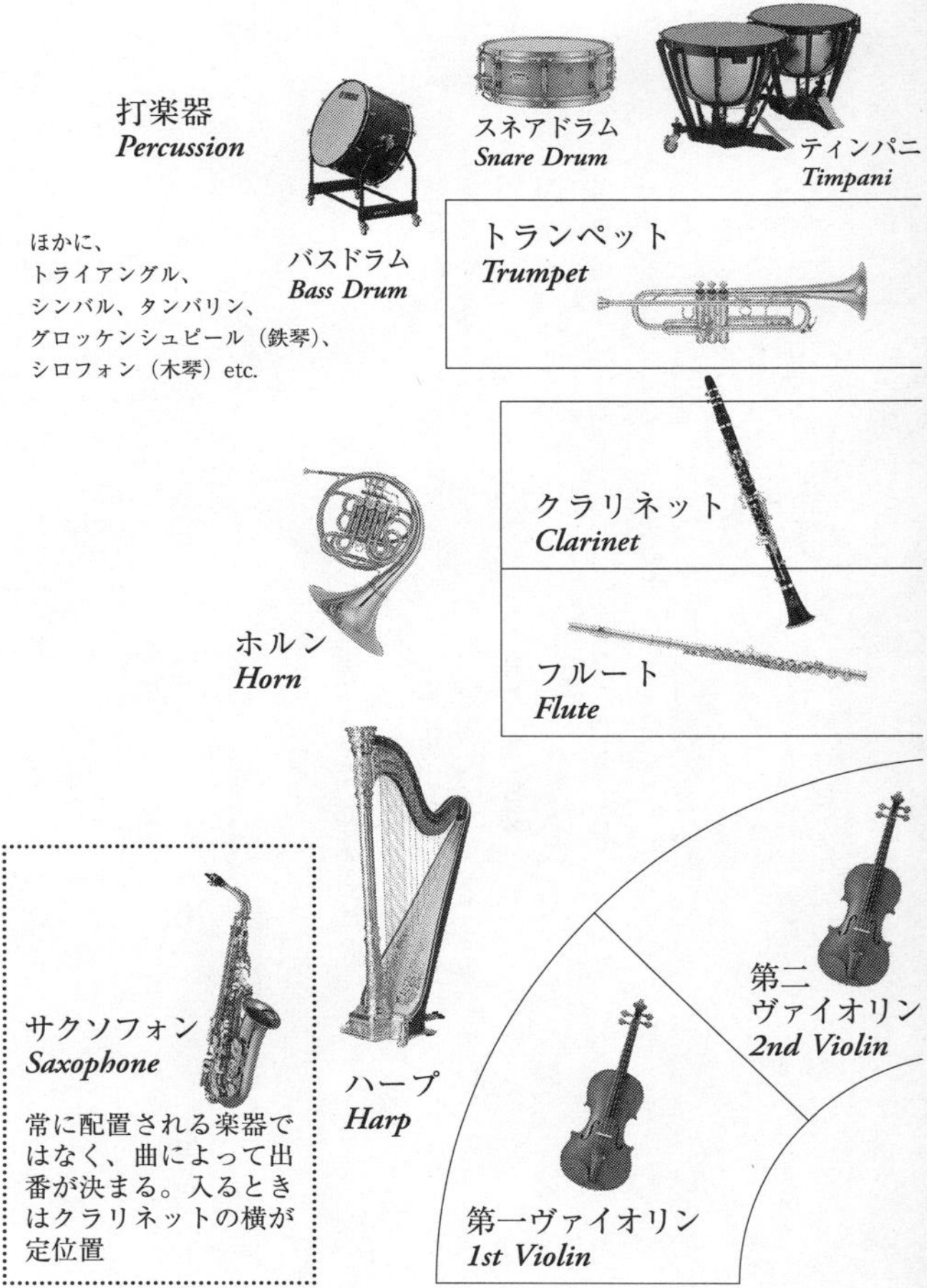

打楽器
Percussion
ほかに、
トライアングル、
シンバル、タンバリン、
グロッケンシュピール（鉄琴）、
シロフォン（木琴）etc.
バスドラム
Bass Drum
スネアドラム
Snare Drum
ティンパニ
Timpani
トランペット
Trumpet
クラリネット
Clarinet
ホルン
Horn
フルート
Flute
サクソフォン
Saxophone
常に配置される楽器ではなく、曲によって出番が決まる。入るときはクラリネットの横が定位置
ハープ
Harp
第二ヴァイオリン
2nd Violin
第一ヴァイオリン
1st Violin

写真提供　ヤマハ株式会社
株式会社ヤマハミュージックジャパン
青山ハープ株式会社

挿画　南　伸坊

序論　楽器と人間との不思議な関連性

オーケストラの楽器は、それぞれに強い個性と、独自の音色、「これだけはほかの楽器に負けない！」という得意とする表現分野を持っている。そうした楽器を専門に修業し、表現力を磨いて、ひとりずつでリサイタルがつとまるような水準にある音楽家ばかりが、ずらりと並んで演奏するオールスター・ゲームが、オーケストラというものなのである。


「なに、最初はファンファーレか。行け！　トランペット」

「了解‼」

「む、カンタービレだ。たのむぞオーボエ。弦楽器、ハープ、援護しろ！」

「ほいきた！」

「とぼけたフレーズだ！」

「それならあっし、ファゴットにおまかせ！」

「よし、いよいよクライマックスだ。全員で突撃するぞ。打楽器一斉、発射！」

という具合だ。

これだけの数のエキスパートが長年かかって習得したその専門技術の一番オイシイところばかりを発揮して、一斉に、まさに一斉に（流れ作業ではなく完全同時に）、ひとつのことを作り上げる、というぜいたくさは、世界の芸術でもちょっと類がないと思う。「高度特殊技能集団」であるオーケストラの構成員、つまり楽員、オーケストラ・メンバー一人ひとりに注目してみると、さすがにどなたも「一芸にかけた専門職人」だけあって、その性格はそれぞれくっきりと際立ち、人間性もじつにバラエティと個性にあふれている。こうしたオーケストラ・メンバーの変人ぶり、奇行、逸話《いつわ》、武勇伝、伝説などは、オーケストラという職場をまさに変化に富んだ、退屈とはほど遠いものに彩《いろど》り、多様で多彩な人間性が織りなす、もうひとつのシンフォニーを演出してくれている。

オケのメンバーたちは、ただたんに「バラエティに富んでいる」というだけではない。それぞれのメンバーの性格、人間性がなんとなく「その演奏する楽器の特性、役割、機能にマッチしたものになっている」という、非常に納得のいく、しかしよく考えれば不思議な状況も、現実にオーケストラを支配しているのである。

これは、「そもそもそういう性格・嗜好の人だったからその楽器に魅力を感じた、選んだのだ」（第1章　楽器選択運命論）ということもあるだろうが、「演奏しているうちにその楽器から人格がどんどん影響を受けた」（第2章　楽器別人格形成論）ということも、少なからず当たっている気がする。

　では、どんな人がどんな楽器を選び、どんな楽器がどんな性格を生むのだろう。そこには何か普遍的な「法則」のようなものは存在するのだろうか。また、「そんな感じがする」という不確定な印象だけではなく、科学的（！）にその関連性を追究することははたして可能なのだろうか。

　この本は、たいていのオーケストラ・プレーヤーならば漠然《ばくぜん》と気がついている、そうした「楽器と人間との不思議な関連性」を、筆者なりの考えかたで、さまざまな角度から徹底的に研究考察して、一般の方にもわかりやすく説明を試みたものである。

　なお、今回、中公文庫から『決定版　オーケストラ楽器別人間学』として再刊行するにあたり、本文の全体を大幅に修正、変更するとともに、以下の文章を新たに書き下ろした。

第2章　楽器別人格形成論……「〇〇（楽器名）について」「吹奏楽の〇〇」

第3章　オーケストラ周辺の人々学……全体
第4章　有名人による架空オーケストラ……平成三〇年バージョン

（ブラームス「交響曲第一番ハ短調」より第４楽章冒頭のスコア）

●本書における楽器の順番について

本書では、オーケストラ（クラシック音楽の「交響楽団」）の一般的な楽器を取り上げるにあたり、「スコア順」という順番で記載している。「スコア」とは、オーケストラ音楽の楽譜のことで、上から、木管楽器→金管楽器→打楽器→ハープなど→弦楽器というグループ順に書かれており、そのグループの中では音域順（高いほうから低音楽器へ）に並んでいる。オケの世界で楽器（奏者）を順番に並べるときには（名簿なども）、この「スコア順」を用いることが一般的である。

本書の記述が最も人数の多い「第一ヴァイオリン」からではなく、「フルート」から始まっているのはこういう理由による。

第1章　楽器選択運命論

どんなヒトがどんな楽器を選ぶのか

同じ楽器を演奏する人間にはある種の性格的な共通点がある、ということは音楽のジャンルを問わずよく指摘されることである。

これには、先天的にそーゆー性格の人間がそういう楽器を選択する、という一面と、その楽器に長くふれていると後天的にその楽器にマッチした性格が形成されてくる、という二つの面がある。これを楽器選択運命論、楽器別人格形成論と仮に名づけよう。

さらに、同じ楽器を演奏している人間であっても、ソリストと楽団員では性格はまったくちがうし、オケに入ってからは同じ楽器といえども、管楽器の一番（首席）と二番、弦楽器の最前列とトゥッティ（その他大勢）ではどんどん性格に差があらわれてゆき、しまいにはまったく別の楽器の演奏家のようなちがいを持つことになってしまうのである。

では、どうしてそのような楽器別人格がつくられていくのだろうか。

じつは、楽器によって奏者の性格にちがいがあること（フルート上品、オーボエ神経質、トロンボーン酒飲み、など）は漠然と知られてはいたが、その原因、起源に論及した研究は、いままでほとんど存在しなかった。

そこで筆者としては、ぜひその秘密を解き明かすべく、日夜、同僚諸氏、諸先輩を観察し、考察を重ねた結果、楽器別人格の形成に対して、若干《じゃっかん》の法則性を発見するに至った（気がする）。

まずは、どんな人がどんな楽器を選ぶのか、その人格形成に深いかかわりをもつ過去の人生から、楽器別に考察してみたい。そこで、「その楽器にとって典型的な奏者の代表的履歴書、身上書」というものを、考えてみることにした。あくまでも架空の、しかしそれぞれの楽器にとって最もふさわしい人物の人生というものを、ショートストーリーにしてみたのである。いわば、ある人間がその楽器を選ぶのには何かの先天的な要素が作用しているのだろうか？　という空想であり、「先天的楽器別人格」はあるのか？という問いかけである。

なお、「これは筆者の空想であり、実在する企業・個人などとは関係がありません」と言いたいところだが、読み返してみると現実の同僚・奏者に影響を受けたところもある。無意識下でのご協力（？）に感謝いたします。

【管・打楽器編】

あるフルート奏者——北国出身、どことなくクリスタル

クールな楽器であるフルート奏者の出身は、暑いところではないはずだ。むしろ北国であろう。北欧出身の世界的フルート奏者が多いのもうなずける。

しかし、一方では洗練されたイメージ、というものも欠かせないので、寒村で育った、赤いホッペの「わらしこ」、というわけにはいかない。北国、洗練の両方をみたす土地となれば、これはどうしても北海道。それも札幌出身以外にはフルート奏者はありえないことになってしまう。

親の職業は弁護士、医者といったインテリ系が浮上するが、本当のエグゼクティブは、やっぱりピアノ、弦楽器方面に進むと思われるので、ここは銀行員か公認会計士あたりが適当ではないか。

楽器との出合いは早く、九歳にして英才教育の教室で、当地教育大学の先生についてレッスンをはじめている。私立の有名中学校、高校では吹奏楽部には入らず（ヤバンだ

から)、テニス、またはスキーなどをたしなんだが、そのころには楽器もかなり上達して、子どものコンクールなどで入賞するようになり、親の意向もあって楽器の道をこころざす。毎週末には飛行機で東京の先生にレッスンに通い、音大にはめでたく現役で合格。毎年のように各地のコンクールに入選をはたす。大学三年のときには地元リサイタルを開催、客席は父親の関係者で埋まる。来日する海外演奏家の講習には親の意向もあって、カネに糸目をつけずに参加。卒業演奏会にも、もちろん出演する。

そのあとは東京に残り、ときおりフリーで仕事もしたが、ギャラの安さ(あくまでも、彼の基準においてなのだが)に我慢できず、いまでは三〇人の生徒を抱えるレッスン・プロとなっている。

住まいは住宅地の一戸建て。クルマは国産高級車。趣味は時計の分解修理と原書の翻訳。天秤座《てんびん》、B型、酉《とり》年。

あるオーボエ奏者——演劇少年の突然の変身

舞い上がりやすい性格、感情的で神経質、ひとりよがり、と考えていくと、出身は日本じゅうどこの場所もあてはまらない気がしてくる。

しかし、どこで生まれたかは、さして意味がない。本屋とテレビと、定期的に音楽会の聞ける環境が揃《そろ》った都市ならばどこでもよい。というのは、子ども時代は親の都合でいくども転校し、そのたびに味わった孤独と、それを癒《いや》すために自ら作り出した夢想の世界が、この少年の将来においてオーボエという楽器につながってくるからである。

ひとりで本ばかり読み、テレビを見る生活の蓄積は、なにごともおおげさに、ドラマチックに考える子どもを作り出していった。中学からは道楽関係、たとえば演劇に興味を持ち、詰め襟学生服を着て、劇団などをつくって真剣に公演を企画する。なんだかいつでも異常に真剣、オーバーで、目が血走っているという印象が必要である。

そのうち友人の家で聴かされた一枚のレコード（ラフマニノフのピアノ協奏曲第二番）がきっかけとなって音楽に目覚め、小遣いをためてはレコードを買い集め、電車で近接県庁所在都市での音楽会に通うようになり、高校（大学付属、男子校）では演劇部がなかったために、吹奏楽部に入部する。はじめはクラリネット、サクソフォンなど、人数の必要な楽器に回されていたが、進級とともに強くオーボエを希望（あれ、なんだか聞いたことあるぞ。そうか、だんだん筆者自身に近づいてきてしまったのだ。気をつけていたのだが。ともあれ、筆者はちっともオーボエ奏者として典型的ではないので、ここらで外していこう）。

以後やみくもに練習を重ね、東京までレッスンに通う（これでよし、筆者ではなくなった。筆者は練習が大嫌いだからだ）。親の反対を押し切って入った音大入学後は、先輩に仕事をもらい、学校にはほとんど顔をださない。なにをさせても極端なのである。卒業後ドイツに留学。帰国して在京オケに入団、現在にいたる。

家は商店街隣接のマンション。クルマは国産中古車。趣味は軍艦模型。魚座、Ｏｂ型（オーボエ奏者だけが持つ、世界一神経質な血液型）、亥《い》年（あ、しまった。また「筆者」になっちゃった）。

あるクラリネット奏者——関西出身、パパはパイロット？

出身は関西以外には考えられない。その独特の精神的バイタリティ、かん高い「張り」、スピード感などは、もっさりした関東では育たないのである。大阪でもよいし、神戸、芦屋あたりでもよい。父親は勤め人、ただし凡庸《ぼんよう》な会社員ではなさそうだ。管理職か、上級公務員か。あるいは技術者かもしれない。ふつうで、ちょっと変わっている、というニュアンスが必要なのだクラリネットには。

それなら、いっそパパはパイロットなどと書くと、関西人のパイロットという連想のおかしさ（「もしもし、管制塔はん？　JAL252うぃずゅーでっせ。あー、『くりあーどふぉーていくおふ』まだでっか？　まだかいな。おっそー！　めっちゃどんくさい飛行機いてますねんな。しゅ、っと行って、がー、飛んだらしまいやがな。しばいたろかほんまに。さっさと行かんかいな、ほんまに。怒るでしかし。はいはい、『らじゃー、らじゃー』でっせ。『らじゃー』や言うてんねん！　あほ！　はよせーやほんま。おーばー」）以前に、「まっさかー！」という声があがりそうだが、これは実在する。筆者の友人でパリ帰りのクラリネット奏者、野田・ド・パリ（野田祐介。現・群馬交響楽団第一クラリネット奏者）のお父様はもと日本航空のパイロットなのだ（大阪人とちゃうらしいですわ）。

　だがこれらは、とても典型的とは言えない。もうすこし庶民的なイメージ、吹奏楽の「その他大勢」状態にそぐうものでなくてはいけない。高級町工場の経営、などが結局当たっているかもしれない。

　さて、この少年が中学のブラスバンドで楽器と出合い、はじめは目立たなかったのが県立（府立）高校（進学校）に進むところから、しだいにみんなの尊敬を集めるようになる。非常に頭のよい子どもであり、クラスの人気者でもあった。ブラスバンド部の部長を任命されている。

高校一年くらいからは、もう音楽に進むことをひとりで、しっかりときめていて、先生にもついて習い、着実に準備していた。しかし受験には一度失敗。ライバルの多い楽器だということを知る。浪人中は指や口から血を流しながらばりばり猛練習を続け、先生も驚く上達ぶり（ここらへんが「ちょっと暗い」といわれるゆえんである）。一浪でみごと入学。学年一の練習量を維持し、ついには学校のブラスのコンサートマスターとなる。同級生、後輩などにもきびしく、完璧《かんぺき》主義をつらぬくパート練習の鬼として知られる。

優秀な成績で卒業したが、仕事もそれほど多くはなく、やがて先輩の紹介で関連企業に就職。楽器はアマチュア・オケの首席奏者として、週一度続けているだけになった。ここでも信念をつらぬく鬼コーチとして恐れられている。

住まいは郊外の中古一戸建て、ただし間取りが変わっている。クルマは中古の外車。趣味は映画鑑賞（結構詳しい）。双子座、B型、戌《いぬ》年。

† 関西弁は、オーボエ奏者の吉村結実さんに教えてもらいました。おおきに！

あるファゴット奏者――森にかこまれて育った純朴少年

森のあるところで育っているはずで、けっして大都市出身ではない。東京都新宿区の育ちで、同級生にはヤクザの子どもがいて、下校時には黒塗りのベンツがお迎えに来ていた、という環境では、絶対にファゴット奏者は育たない。

やはり学校のそばには深い森と大きな川にかかる橋があり、校庭には大きな野球のバックネット、夏にはセミの大合唱、という風情《ふぜい》が不可欠であろう。こういうところで、セーラー服を着て自転車に乗った少女に淡い恋心を寄せながら、木造校舎の音楽室でファゴットの音はつくられてゆく気がするのである。とすれば、これはもうどうしても「東北」ということになる。

東北でも仙台とか盛岡とか、大都市はいけません、大都市は。いつだったかコンチェルトを吹きにいった久慈《くじ》なんてよかったですねえ、岩手県の。ホールに冷房がなくて死にそうに暑かったが、楽屋からすぐ前に川の土手が見えて、近くにたくさん山があって、すぐそこが海という、なんだか気持ちが広々とするようなところで。そうね、久慈にしましょう、ファゴットの出身は。

両親は音楽なんかとはまったく関係ないはずで、しかも一定の教育があり、やさしい性格であり、きびしい教育理念を持っているという気がするから、もう一直線に、夫婦ともズバリ「教師」であろう。お母さんは「看護師」でも、まあ許す。父親は警官、鉄道員などというのもよい。ああ、やっと井上俊次《としつぐ》（N響の元同僚。現・読売日本交響楽団首席ファゴット奏者）を離れた（井上は久慈にほど近い石巻の出身なのだ。だが、家業は「おもちゃ屋さん」ということで、めでたく離れてくれた）。

その、久慈に生まれ、教師の家庭で育ったおっとりした子どもが、ファゴットに出合うのは、いみじくもその井上が（また出てきた）、音教（学校の音楽鑑賞教室）の仕事でオケの一員としてあのホールを訪れたときであった。赤いエントツのようなユーモラスな楽器の外見と、目立たぬながら必死に演奏する姿に心を打たれ、久慈少年は本番のあと、勇気を奮い起こして楽屋に井上青年を訪ねる。

「あ、あの、それはなんという楽器でがんすか」

「これが？　これだば、フンアゴッドど、いうのっしゃ」

思いがけず井上青年がおなず東北のしゅっすんだどいうゴンどをすったどぎに、このの少年のコンごろは、きまっていたのす。

「よす、ぼぐもこの楽器やろ！」

こうすて少年は新聞配達のアルバイトさやって、オカネばためで、楽器さ買って、芸大さ行って（あ、すいません私学の音大の関係者の方。ただ、ここはどうすても学費の安い芸大でなくてはストーリーが成り立たないのでがんす）、地道に仕事をするようになって、とはいっても仕事のほとんどはオケなので、オケに入ったり入らなかったりのちがいはあるものの、まあ、そいうことで生活していると。こういうわけなのっしゃ。どんぴんからりんこねえけっど（注…実物の井上は、完全な標準語です）。

住まいは農家のような古い一戸建て。クルマは国産4ドアのファミリーカー。趣味は犬など動物の世話。山羊《やぎ》座、O型、午《うま》年。

あるサクソフォン奏者――ナウいポップス系から、いきなりクラシックおたくへ

都会的なイメージなので東京、または大阪出身でもよさそうだが、そこからちょっとはずれるところに、この楽器の神髄がある。東京近辺なら埼玉、千葉。大阪なら十三《じゅうそう》、茨木《いばらき》あたりのマンモス団地出身ではなかろうか。

親はサラリーマンだが、ちょっとモダンな感じである。たとえば、アパレル系の企業デザイナー、インテリア・コーディネーターなど。建築事務所、コンサルタント業など

を友人と共同経営しているというパターンでもよい。特徴はポロシャツと鼻の下のヒゲ。趣味はヨットやサーフィンという、ナウめのおやじである。

なにしろ、大学（青山）時代のいきつけの店には、よく「マイク真木」がきていた、ってなくらいのものなのだ。バラが咲いた。週末はキャンピングカーでお出かけしてバーベキューなんかやっちゃうのだ。お父さんもギターなんか弾いちゃうのだ。すごいぞ。

そういう家庭に育ち、中学時代には水泳、陸上などの選手として泥まみれの青春を送る。音楽にはポップス系から入ってくる。はじめはギターの通信教育なんかを申し込んで練習しているが、やがてバンドに目覚め、ドラムなどを手がける（その楽器はいまもカーテンをかぶってベッドの横にある）。なにしろ、そういうハイカラなものなら親もある程度了解して買ってくれるので、話は早い。

県立高校（水準＝中の上）入学を機に、入学式で聞いた「スター・ウォーズ」に感激して、「ブラス」に入部。「サックス」を希望する（「吹奏楽」「サクソフォン」ではないところに注目）。文化祭では、お揃いのバンダナなんか巻いちゃって、「ウィー・アー・ザ・ワールド」のマンナカのソロを、スタンドプレーでピンクのスポットライトかなんか浴びて吹いちゃって、女の子が泣いちゃって、ああうらやましいったらありゃしない。ただでさえ、どことなく洋風の育ちだし、薄めの印象だし、やせているのでモテる。楽器がどんどん好きになる。でもブラスでは、硬派の先輩ということで通っている。音楽の内容より、起立、礼とか、部費とか、そういうことに結構うるさいタイプ。

そうこうするうちに、先輩からデュファイエ（フランスの有名なクラシック・サクソフォン奏者）のCDを借りてショックを受け、グラズノフのコンチェルトなどを、ひそかにさらってみたりするようになる。個人レッスンに通うようになった先生が、クラシックオタクで、その「お宅」に伺ってみると部屋中がCDや楽譜で一杯。なぜかアニメのDVDも多数。つぎつぎ借りては聴き、自分もどんどんオタクとなる。その先生が講師をやっているから、というので夏休みのセミナーに参加。音大生たちのかっこよさ（そう見えた）、うまさ（そう聞こえた）、豊かな知識（そう思わされた）に感激し、自分も音大に進むことを決意。浪人して入学。

音大三年のとき、同級生とカルテットをつくり、室内楽コンクールに入選（室内楽コンクールではサクソフォン・カルテットに勝てる編成はない、というのが通例）。学校のスターとなり、雑誌のアートページに載り、このままプロデビューか！　と騒がれる。以来、海外までコンクールを受けに行ったり、四人それぞれ地元でコンサートをしたり、CDを自主製作したりと、レッスンのかたわらにカルテット主体の生活が続く。この男がオーネット・コールマンに衝撃を受けてジャズに目覚めるには、あと五年の年月を待たねばならない。

家は、父親が設計してくれたおしゃれな狭小住宅。クルマは高級外車。趣味はウィンド・サーフィンやスノボ。さそり座、ＡＢ型、巳《み》年。

あるホルン奏者——山奥育ち、ひたすら師の影を慕う

ホルンといえば山であるから（強引！）、富士山のある山梨、雪をいただく富山、新潟あたりを思い浮かべるが、これこそ軽率なイメージというものである。

ホルンのフルネームは、ヤークトホルン（狩りのホルン）か、ヴァルトホルン（森のホルン）である。山といっても、馬に乗って狩りをしながら走り回れるような、比較的平坦な山なのである。アルペンホルンとイメージがだぶっているせいかもしれないが、それとて本来は、緑の草原で演奏するものであって、なにも雪の上で凍えながら演奏しているわけではない。それでは山伏《やまぶし》のほら貝だ。

では、日本の国内でそういう地方を探してみると、鉄砲で猟をしているというようなイメージのところはそう多くない。上方落語の「池田の猪《しし》買い」に猟師が出てくるので、なんとなく和歌山あたりの山奥出身、ということにしてみよう。

親の仕事は山伏（!）、猟師（?）、いずれも現実味に乏しいので、もうひとつのホルンの関連業界である郵便局勤務、というのがハマリそうである（ヨーロッパでは、かつて郵便馬車の御者は、「ポストホルン」と呼ばれる楽器を吹き鳴らして到着を知らせていた）。父親は謹厳《きんげん》で実直。兄弟が多く、集団生活に慣れて育った。

中学校のブラスバンドで、「背丈の順に」楽器を割り振ったときに「ホルン」になったのが楽器との出合い。県立高校に進んでやはり吹奏楽部に入る。

一年先輩に尊敬する無口なヒトがいて、その人のあとをいつも追っていた。その先輩は本当に偉くて、東京の音大に進んでしまったので、自分もその道を追う決心をする。結果、三浪することにはなったが、音楽大学に入学。

理屈を言うのでけむたがられはするものの、よくさらうので評判がよく、当時はもう売れていたあの先輩から、あっちこっちの仕事を紹介されるうち、ミドルクラスのオケに入団。ヴァイオリンのおとなしい女の子と団内結婚、現在にいたる。地味だが、派手なホルン人格というのは存在しないので、仕方がない。

住まいは都下３ＬＤＫのマンション。クルマはベンツ。趣味は彫金。牡牛座《おうし》、Ｏ型、未年《ひつじ》。

あるトランペット奏者──沖縄出身、まじめ少年の大スターへの道

　個人的なイメージかもしれないが、やはり出身は沖縄と、まっさきに浮かぶ。祖堅《そけん》方正氏、津堅《つけん》直弘氏、N響の歴史的首席トランペット奏者が二人とも、あの美しい島の出身であるインパクトは大きいのである。ここでは、ただ「南国」ということにしておく。親の職業はもしかしたらラッパを聴くことの多い自衛官かもしれないが、おおらかでこだわりのない、サトウキビ栽培や石垣牛の酪農などだろうか？　小学校の鼓笛隊でもう楽器を手にし、「この子は天才だ！」と言われる。

　中学、高校と、ただひたすらにラッパを吹いてすごす。勉強はぜんぜんしないのだが、成績は悪くない。スポーツもうまい。無口で、はにかみやで、まじめな少年で、常にクラスのリーダーであった。

　高校は、コンクールで常に全国一を争うほどの水準にあり、中央からトレーナーを招いて特訓していたが、このトレーナーも少年の才能を激賞、ぜひ、音楽の道を、と勧めた。親は家業を継いでほしかったようだが、さいわい理解が得られ、「やるからには、〝一等〟になれ！」と、わかったようなわからないようなことを言われて励まされる。

音大も一発で合格、すぐに大学のスターとなる。でも、相変わらず無口で、はにかみやで、まじめな青年である。本人は、ただラッパが好きで吹いているだけで、吹けばなんでも自然にできてしまうのだが、ほかの人間から見れば、とんでもない天才に見えるのである。

すぐに、あちこちのオケで仕事をするようになる。二年にして、コンクールで優勝。三年では、海外のコンクールに入選。これをきっかけに、奨学金を得て留学。本場の先生と友だちのような関係となり、ブラスアンサンブルでCDをバンバン録音。超一流の仕事を経験。ついに一流オケのオーディションを受け、満票で入団。女子アナかCA(キャビンアテンダント。またはそれに準ずる美貌のヴァイオリン奏者など)と結婚。大スターとなったいまでも、無口で、はにかみやで、まじめな中年となっている。

なに、現実感がないって? ラッパなんて、こうこなくっちゃ! 帝王の楽器だもん。挫折《ざせつ》や反省は、似合いません。

したがって家はヨーロッパ郊外風のヴィラ。相模湖周辺にある。クルマはマツダ。趣味は釣り、少年ブラスの指導、日本酒か島焼酎。射手座、A型、寅《とら》年。

† 祖堅方正先輩はN響退職後、沖縄に戻られ、県立芸術大学でのご指導や、指揮者として琉球交響楽団の設立に尽力された後、二〇一三年にお亡くなりになりました。ご冥福をお祈り

します。

あるトロンボーン奏者――運動部で鍛えた肺活量、気がつけばプロに

やはり、暖かいところだろうか出身は。とことんあったかい、ということで瀬戸内海はどうでしょうか。だからパパは漁師さん。

なに、いいかげんだって？　でも、とにかく、あったかい場所で育ったはずなわけ。トロンボーンの音はとにかく温かく、北国など厳しい自然や、神経質な両親のもとで育ったことを想像するのは難しい。

息子は、最初は運動部。応援団なんかを経過して、トロンボーンにたどりつく。吹いている姿がなにしろカッコいい！　という点でトロンボーンに勝つ楽器はない。スライドを一斉に前後しながら演奏・行進する姿に憧れたのか、迫力ある音か。体格がよかったら「やらされた」可能性もある。はい、右腕、伸ばしてみてぇ！　もっと！　ハイ、君はトロンボーン！――なんてね。

音楽は、まあ好き程度だが、なにより団体行動が好きなので、楽器を続けている。進学のときには、ほかにとくにやりたいこともなかったので、このままブラスができるな

らと、音大を志望。同級には、目の色を変えて壁にむかってロングトーンするような奴《やつ》ばかりいるが、このヒトはしごく呑気に、いつも先生や先輩と飲みに行ってばかりいた。こういうヒトのほうが生き残るのだ、トロンボーン業界では。和音の楽器なんだからね。いつの間にかプロになっていて、べつに命がけでやった記憶もない。もともとうまかったのだ。

家は私鉄沿線のマンション、防音完備。クルマはアウディ。趣味は釣り。牡羊座、O型、辰《たつ》年。

あるテューバ奏者――ブラバン少年の前に敷かれた、なだらかなレール

出身はモンゴル。ジョージア。エジプト。あ、違った。身体《からだ》がでかければいいってもんじゃないのだった。じゃあ、九州、熊本。あるいは鹿児島。親は運送業、建築事務所などの経営者。

楽器には、中学で出合う。同級生で吹奏楽に入部したのは、自分以外はすべて女の子であり、しかもバンドにはテューバがひとりもいなかったから。もともと家業を手伝って大きくなったため、体力は抜群で、たったひとりでバンド全体を背負う快感を知り、

合奏の日を指折り数えるようになる。じつは楽譜が読めず、ぜんぶ女の子にカタカナの「ドレミ」で書き込んでもらっていたのだが、それでも間に合ってしまうのがこの楽器のシゴト。何しろ音が少ないのだ。

進学した商業高校は県下でも有数のブラス高校であり、テューバ少年は入学前から目をつけられていて、本当はオーボエがやりたかったがそのまま続行。今度は三人のテューバ・セクション、さらに弦バス（コントラバス）までいて、音程をうるさく叩《たた》き込まれる。ここで楽譜を正確に、ていねいに演奏することの面白さに目覚め、そのまま音大へ。ピアノの試験は丸暗記で冷や汗ものだったが……。

そのあとは、もう決まったようなものなのだ。人数の少ないこの業界では、うまければ早くからプロへのレールを敷いてもらえる。そのレールに乗り、コンクールに通り、有名になり、たくさんの仕事をしながら、どっかのオケが「空く」のを待っている。でもどのオケにもポジションはたった一つしかなく、同じように待っている人は、結構多い。

家は奥さんの実家の二世帯住宅（地下練習室あり）。クルマはボルボ。趣味は指揮。水瓶座《みずがめ》、A型、子《ね》年。

ある打楽器奏者——他人にはうかがい知れない、もとガリ勉少年の心のうち

打楽器奏者は、一人ひとりがメチャクチャに個性的で、統一感がなく、典型的人格というのを設定するのは、いたって困難である。それでも、その不思議なロボット性を頼りに、色白で肩幅の広い、器械体操の選手のようなイメージを追求すると、以下のようになった。

出身は北陸。実家は商店、それも電気屋、文房具屋などのヒカリモノ関係。子どものころは身体が弱く、体育はよく休んだ。ガリ勉タイプでメガネをかけ、いつも深夜放送に出すハガキを書いているような子どもだった。

打楽器の選択はもちろん、吹奏楽への入部さえ、先生に頼まれたので断れなかったからという経歴を持つ。

とにかく彼は毎日部室に現れ、楽器を組み立て、並べ、メトロノームと向かい合ってただひたすらに、たらたらたらたらたらたらた、たたたた、すったた、すたったすった、たらたらたらたらたらたら、らったたうらったたうらったたたたたたん、などと練習し続けていたという。そのさなか、彼の無表情な顔の奥で、いかなる精神的

葛藤《かっとう》、現状への認識、己《おの》が人生への洞察《どうさつ》がおこなわれていたのかは、一切不明である。

音楽大学に願書を出したことは、ブラスの仲間はもちろん、親さえも知らなかった。コンビニでアルバイトをしたお金で、彼はいつのまにかレッスンに通っていたのだった。

音楽大学に進んでも、だれひとりとして彼が「うれしそうに」しているのを見たことがないという。いつ、どうして、どのようにして、オーディションを受け、合格をしたのか、団員ですらも覚えていないのだが、彼はいまではあるオーケストラにいる。

家は都心のワンルーム（独身）。クルマはワゴン。趣味は不明。天秤《てんびん》座、B型、申《さる》年。

【弦楽器編】

あるヴァイオリン奏者――男子は都会派のエリートコースまっしぐら、女子はまじめ少女の順調路線

都市部の生まれ。東京でもよいのだが、長野、愛知あたりがクサい。才能教育がさかんだから、というのもあるし、そっちの親のほうがなんとなく教育熱心な気がする。その、親の仕事だが、実際非常に多いのはヴァイオリン奏者、というもので、この職業は一面世襲《せしゅうせい》制なのかもしれない。ただ、経済的にゆたかであることは絶対条件なので、ここは合理性を尊重して、母はヴァイオリンのもと奏者、いまは先生、父はそういうもと奏者時代の母を見初《みそ》めたもと音楽青年（慶應卒）、現在は会社役員ということで手を打とう。楽器はなんと四歳からはじめている。あ、ここで奏者本人の性別を特定しないのには、わけがある（後述する）。

最初が肝心、というので地元の先生には週一回、月に一度は東京の、母がむかし習った先生のところまで連れてゆく。父も理解があるので反対はない。毎晩、夕食のあとは

「おけいこ」の時間であり、母親がつきっきりでレッスンをする。こういう生活は本人が中学に入るまでつつがなく進む。年に二回の発表会、子どものコンクール、いずれも母親、東京の先生ともに充分満足する成績である。異変が起きるのは中学に入ってからだ。

男子の場合

サッカーがやりたい。友だちがみんな部活で汗を流しているのに、自分ばかり帰宅してレッスンするのはイヤである、ということになる。東京へのレッスン通いも、やれ中間テストだ、修学旅行だで、滞るようになる。毎年の発表会を、「カッコわるいから」とイヤがって、ついに出なかったのも、この年が最初だった。

ただ、不思議に、楽器そのものはやめなかった。サッカーをやって帰ってきて、すごい勢いで夕食をかきこむと、やっぱり楽器にさわりたくなるらしかった。ただし、母親よりはとっくに楽器はうまくなっていたから、母親のレッスンは受けない。自分の部屋にひきこもって、子ども時代と同じように、音階やダブル（重音）の練習をゆっくりとやっているのが聞こえている。ヴァイオリンは、もう彼の生活の一部なのだった。

きっかけは、高校（私立進学校）に進んで、彼女ができたことだった。彼女はピアノをやっていて、音大受験をとっくにきめていた。ときおり、チャイコフスキーやヴィエニャフスキの協奏曲を合わせてもらうことは、本当に楽しかった。連れだって学生券で行ったのは、県立市民文化会館センターホール（なんだそりゃ）での、オーケストラ・コンサートだった。帰り道、駅前の並木を二人で歩いていたときに、彼女が言ったコトバが決め手だった。

「ねえ、ずっと一緒に演奏したいね」

帰宅してすぐ、「ママ、おれヴァイオリンやるよ」と言い放ち、以後、熱狂的にさらいはじめた。先生も、進む学校も、参加するキャンプまで、あっという間にレールは敷かれていった。母親は一緒に上京して、身のまわりの面倒をみた。学生時代、少なからず人気のあった母は、東京のオケに同級生がたくさんいた。

「A子の息子、桐朋《とうほう》に行ってるらしいよ」という情報がとびかい、すっかりたくましく成長した彼は、どこの楽屋に顔をだしても、「やあ、よく来た、よく来た」とかわいがられるようになっていった。エキストラでスタジオの仕事などはどんどんやった。

あの彼女をチェロの先輩に取られてから、人柄はぐっと落ちつきを増し、口数が減り、集中力がついた。二年のときに全国コンクールで優勝している。あとは学校でも特別視される存在になった。ただ、本人はソリストにはあまり興味がなかった。カルテットが大好きだった。四年のとき、ミドルクラスのオケに、ファースト（第一）ヴァイオリンのトップサイド（コンサートマスター〔コンマス〕の隣）で入団。一年後、アメリカに留学。帰国は、あるオーケストラにコンサートマスターとして迎えられて、のものだった。

家は都心の高級マンション。車は当然ベンツのクーペ（サントリーホールの駐車場で見ることができます）。趣味は猟銃。水瓶座、O型、午年《うま》。ちなみに奥さまはアメリカ人です。

女子の場合

もう、忘れましたか、中学までンとこ。長すぎましたかね、男子↓コンマス路線は。ちょっとイレコンダものですから。

さて、この子は中学でも順調にレッスン、コンクールの生活をおくる。まあ、自然に高校は桐朋という路線が、いつだれがきめたともなく決定している。母もだし、その先生も桐朋なのだ。進学と同時に、母親もついて上京する。高校でも、レッスン、コンクールの日々。ただしコンクールは入選どまり。母の先生の先生についているのだが、「先生が合わないのかしら」と変えたりするので、よけいややこしくなる。まわりには、早くも国際コンクールでどうしたとか、こうしたとかいう女の子たちがうじゃうじゃいるので、おとなしい性格になってゆく。ただ練習はちゃんとやっている。

四年のとき、弦楽合奏の授業を担当していた先生（あるオケのコンマス）に、「サトミちゃんは、将来どうするの？」と聞かれたとき、発作的に「オケがやりたいです」と、それまで思ってもみなかったことを口走る。「じゃ、こんどウチのオケで弾いてごらん」ということになる。素直な性格なので、楽員の受けがよく、楽器も相当程度には上手なので、卒業してすぐ、そこのオーディションに受かり、いまは第二ヴァイオリン奏者。

家は母親がいる仙川《せんがわ》（桐朋があるところ）の、防音マンション。車ナシ。趣味、ショッピング。さそり座、A型、卯《う》年。

あるヴィオラ奏者――素直な性格となりゆきで、道は自然に開かれる

愛媛県出身。家は大きな商店を経営している。洋服屋だろうか。親は無趣味なので、子どもになにか趣味を持たせてやりたいと思い、まずお姉ちゃんに、続いて弟にもヴァイオリンを習わせた。まあ、適当にレッスンに通っていたのだが、小学校五年生でお姉ちゃんがバレーボールに走ってやめてからも、弟のほうはなんとなく続けている。小太

りで、にこにこと、おだやかな少年である。欲もあんまりない。成績はまあまあだが、体育は苦手であった。

進んだ中学校には合奏クラブがあって、そこではヴァイオリンは一番上手なのでコンマスをやっている。そこの先生に連れられて連合音楽鑑賞教室に行ったとき、楽器紹介でヴィオラをはじめて知る。やりたい、などとはもちろんまったく思わない。

合奏が大好きで、県のコンクールに入賞したりするから、楽しくてしかたがない。高校も、そういうクラブがある学校を選ぶし、もうちょっとちゃんとレッスンに行きたい、と親にねだる。ついた先生は室内楽のグループを持っていて、ときどきその演奏会に行く。どうも、ほかにやりたいことはないから音楽学校に行きたい、と希望。先生は、「高校生できめるのは遅いほうだから、倍率の高いヴァイオリンじゃちょっとむずかしいけど、ヴィオラやってみたら？」と勧めてくれ、まずは自分で教え、やがて東京にいる専門の先生を紹介してくれた。

ヴィオラは、はじめはあんまり興味を持てなかったし、アルト記号[*1]が苦手だったのだが、その音色にはどんどん引き込まれた。バシュメットやツィンマーマンといった専門の名手がいて、「ヴィオラのCD」というものが出ていることを知って励まされ（それまで知らなかった）、聴くたびに感激、急速に練習量がふえて上達する。

芸大にはストレートで合格。同期はたったの二人だったので、すぐに先輩たちのカルテットにひっぱられ、モーツァルトやベートーヴェン、ドボルジャークなどがいかにこの楽器を愛し、素晴らしいパートを残したかを体験し、ますますハマる。音大オケにもどんどん乗せられる。なにしろ少ないのだ、ヴィオラ専攻の学生というのは。

なんだ、ベートーヴェンも、マーラーも、ブルックナーも、ブラームスも、みんなヴィオラのほうがヴァイオリンより面白いじゃねえか、という強引な（しかし一面真実であると筆者も思う）結論にいたり、いろんな合奏を頼まれるのだが、いつも楽しそうに弾いている。ヴァイオリンの学生が副科で弾くヴィオラも、「うまいなあ」と素直に感心してしまう。競争心がないのだ。

四年のころ、先生に「少し、仕事やってみろ」と、プロのオケを紹介してもらう。雰囲気がきびしいので、めずらしくビビッたが、上手なヴィオラ・セクションにまじって弾く楽しみは極上だったし、同じ楽器の専門奏者が一度にこんなにたくさんいるのを経験したことがなかったので、うれしかった。

卒業して受けたオーディションにふつうの成績で通り、現在二プルト目[*2]（前から二列目）で弾いている。

家は都内から車で四〇分ぐらいの川のそばの一戸建て。クルマは国産の4ドアセダン。

趣味は温泉旅行。二児（女）の父、子煩悩《こぼんのう》。蟹座《かに》、Ｏ型、丑年《うし》。

＊1　アルト記号＝ヴィオラは、ト音記号でもへ音記号でもない特別な「アルト記号」で始まる楽譜を読んでいる。
＊2　プルト＝譜面台のこと。オーケストラの弦楽器パートでは一本の譜面台を二人の演奏家がペアで使うことから、奏者の配置をこの呼び方で表す。たとえば「三プルトのオモテ」は、序列の上から三組めのペアで、そのオモテ＝外側の人、ということになる。プルトのなかでは一応オモテが序列は上ということになっている。

あるチェロ奏者――運命の決め手は父から渡された一枚のレコード

広島で大学教授の家に生まれている。兄弟はいない。一〇歳になったとき、父親がいきなり「おまえは今日からチェロをやりなさい」と命令し、楽器も先生も、とっくに手配がついていた。

中学からは全寮制の私立男子校に入れられたが、週末帰宅すると、すぐにレッスンに通わなくてはならなかった。命令したわりには、父親は息子のチェロを一度も聴いたことがない。

学校にはヴァイオリンやピアノをやっている生徒も、何人かいた。寮の夕食後、だれが言いだすともなく食堂に集まって、見よう見まねでアンサンブルをすることが習慣になった。同じ学校の高等部に進むころには、週末のレッスンは飛行機でゆく東京に移り、仲間同士のアンサンブルはハイドンやモーツァルトから、ショスタコーヴィチに進んでいた。

一五歳になったとき、父は黙ってカザルスの本と一枚の古いレコードをくれた。バッハの無伴奏組曲だった。その半年後に父は死んでいる。父に、音楽を聞き、理解する趣味があったことを、彼は長いあいだ知らずにきたのだった。

東京の先生は、音大受験を強く勧めた。自分は法学部に進みたい、という希望もあったが、バッハを弾くことはもはや捨てることのできない楽しみだった。迷いがあった。一緒に食堂でアンサンブルをしてきた仲間たちに相談した。東大進学を決めていた、ピアノの少年が言った「音楽は最高の趣味だよ」という言葉に、急に反発した。おれのチェロは趣味じゃないと、はっきり悟った。

音楽大学在学中、コンクールで一位になる。審査員だったあるオケの首席奏者にひっぱられ、そのオケに入団。トップサイド（首席の隣）で五年弾いたあと、首席となる。父の命日に二度、墓の前にチェロをもっていったことがある。二度とも、弾くことができずに帰ってきた。

家は母と同居のマンション。クルマはワゴン。趣味、パイプ。牡牛座《おうし》、Ａ型、戌年《いぬ》。

あるコントラバス奏者——「本の虫」からウクレレに開眼《かいげん》、コントラバスも独学

日本全国に平均的に分布している。とりあえず、神奈川県出身ということにしておこう。ごく当たり前なサラリーマン家庭である。父は明治大学出身、ちょっとだけ学生運動にも参加したことがある。

さて本人だが、小学校のころは団地住まい。モノマネやギャグが得意で、そのネタをたくさん書きつけたノートを持って歩いているような少年。鉄道模型を集めたこともあった。めんどうくさがりで、勉強はあんまりしないのだが、成績はいつも上位にいる。中学以降は「本の虫」になったが、相対性理論とか、花の栽培とか、ヘンな本ばっかりをいつまでも読んでいる。まだ楽器ははじめないのかとハラハラするのだが、だいじょうぶ、まだ間に合うのです。

中学二年生のとき、音楽の授業でギターを弾くことがあって、それが気に入ったらしく、押入れの奥から、父親が明大時代にハワイアンバンドで弾いていたウクレレをひっ

ぱりだす。だれにも習わず、自分で音を捜しだし、指使いを考え、一日じゅう部屋でウクレレを弾いている。お正月に親戚《しんせき》がきたとき、親もはじめてその演奏(「荒城の月」)を聞き、信じられない技術と表現力に、素直に感動する。

それがギターに変わり、ベースに変わるのは、受験を終えて大学付属の高校に進んでからだ。進学祝いに彼はギターをねだったのだった。ギターもベースも、そしていつしかクラシックに目覚めて弓を持ったコントラバスも、すべてひとりで、本かなにかを見て、部屋にこもって終日、というパターンで習得している。

「コントラバスがやりたいから、レッスンに行かせてほしい」と言いだしたのは、エスカレーター進学の半年前だった。結局、一浪して音楽大学に入学している。在学中からエキストラ。はじめてまじったプロのオケでも、無愛想ではないがべつに緊張したり、へりくだったりもしない。ふつうの顔で弓を締めて、弦に横顔を押しつけるようにしてチューニングしたりしている。バス弾きはみんなそうなので、だれも驚かない。いつの間にか入団していた。

家は親と同居のまま。クルマは大きめのハッチバック。趣味、散歩。山羊《やぎ》座、B型、辰《たつ》年。

あるハープ奏者――ハイソの育ち、イギリス人の先生に師事、もちろん留学も

東京都大田区田園調布以外の場所で生まれたとすれば、それは父の赴任《ふにん》先の外国、それもかならず首都、文化都市であろう。

そう、父は外交官か、親代々の国立大学教授、または医師。有名画家の孫、というのも、まあ、許す。社会的信用、地位、家柄、教養、どれも最高の位置にある家庭で生まれ育っているのだ、このお嬢さんは。

ハープは中学時代、イギリス人の五八歳くらいの、忍耐づよい女の人（独身。当然ミス・ウェッジウッドとか、ミス・デボンシャーとか呼ぶわけね）に手ほどきを受けている。そもそもハープをはじめたのは、お母さまがこの先生と英国風お茶の会でお友だちだったからで、本人は子ども時代からピアノとヴァイオリンとテニスとバレエと乗馬とお茶とお華と書道とナギナタとソロバンと行軍将棋《こうぐんしょうぎ》を習っていたので（お嬢さまの私生活はよく知らないので、すべて想像である）、これ以上習いごとが増えるのはたいへんだな、と思ったのだが、なんとなくあのカタチが優雅で美しいし、ホームパーティーでミス・ロバートソン（だったっけ）の演奏も聴いたことがあってステキな音だと思っ

ていたから、まあ、やってみることにしたのだ。

楽器をはじめて三か月で、お父さまのチェロ、お母さまの歌で、メンデルスゾーンの「歌の翼に」を合奏。テンポは非常にゆっくりではあったが、演奏者はそれぞれに感激した。

年ごろになって、お嬢さまにはありがちなように、ちょっとだけ不良生活にあこがれつつ実践にはいたらず、という生活のなかで、ほかのお稽古《けいこ》はみんなやめてしまったが、ハープだけは残った。先生が謹厳なイギリス人なので「やめます」と言いだしにくかった、というのが友だちに話すときの理由だが、本人もやっぱりハープが気に入っていたのだろう。

それなりに上達しながら高校を卒業。プロになるとか、オカネを稼ぐとか、生活がどうしたとか、そういう感覚はいっさいないままに、お嬢さま系の音楽大学に一応入学する。

しばらくすると、講習で学校に教えにきた若手のフランス人ハーピスト（女性）に認められ、あっさりとパリに留学。パリ駐在大使のお屋敷に下宿して、レッスンにはげむ。

帰国したあとは、お母さまのお友だちのパーティとか、サロンコンサートとか、お母さまのお友だちの娘さんのフルート（すでに有名）との合奏とか、そういう演奏の機会もたくさんあり、そういうところに財閥や報道関係の重役なんかもよく来ているから、チャンス、スポンサーにはことかかない。ああ、うらやましい。

休みの日には、家で犬と遊んでいる。クルマは自分では運転しなかったのだが、楽器を運ぶ都合から免許をとり、ハッチバックに乗っている。趣味、イギリス詩の朗読、紅茶、テニス。乙女座、A型、戌年。お見合い歴二回。

ここまで書いて、あるハープ奏者の方（お父さま、もとN響チェロ奏者。本人、ローザンヌ留学経験あり）に読んでもらったところ、「あたしたちって、いっつも、そういう上品なイメージ持たれるんで、ホント、困るんですよね。まあ『一家に一台』って楽器じゃないから仕方ないんですけど（ほほえみ♡）。そう思われた以上、ムゲに夢をこわすわけにもいかないから、ついついムリしてお行儀よく行動しちゃうんですよ、実態はぜんぜんちがうのに」と、レースの襟のついたブラウスを黒いカーディガンからのぞかせつつ、言っておられた。そうだったのか。そうかなあ。

そう言われて気がついたのだが、オーケストラをはじめとするクラシック音楽業界関係者全体が、そういう、実態とはギャップのある上品なイメージを勝手に世間のみなさんに持たれているような気がする。ま、それはそれでいいんじゃないですか。

第2章　楽器別人格形成論

いかなる楽器がいかなる性格をつくるのか

前章では、先天的な嗜好やなんらかの偶然が人間を特定の楽器に導くという「楽器選択運命論」を展開してきたが、ここではいよいよ、演奏することになった楽器が奏者に及ぼすさまざまな、いわば後天的な影響について考察してみたい。

特定の楽器を演奏し続けることによって奏者の性格が受ける影響は、次の三つの要素によるものと考えられる。

①**音色**　楽器の音色。
②**演奏感覚**　演奏上の肉体的感覚。
③**合奏機能**　合奏における役割、機能。

ここでいう「影響」とは、その楽器の習得をくりかえし試みるうちに、先天的な性格的特質のなかで、その楽器に適した特性は著しく助長され、一方その楽器の演奏上達を妨げるような特質は抑圧されて現れにくくなる、ということである。

では、この三つの要素がいかにして楽器別人格を形成する（はずな）のか。以下に各論として楽器ごとに考えていきたい。

オーケストラに参加されていない読者の方のために、ごく簡単に楽器の紹介なども書き添えた。

【管・打楽器編】

フルート──冷たさも軽みもそなえた貴族的エリート

フルートについて　古来から世界中に存在する横笛の発達した楽器であり、現在は金属製が一般的だが「木管楽器（「笛」の類いの意味）」に分類されている。フランス宮廷では男性貴族の楽器として愛好された。音量が小さかったことなどから、オーケストラ（管弦楽）が始まった時代には編成に加わっていないことも多く、定《じょう》席《せき》を得るのは意外にもベートーヴェン以降。「カルメン」「アルルの女」や「牧神の午後への前奏曲」における長いソロなど本当の活躍は一九世紀後半のフランス音楽からである。

フルート奏者が「持ち替える」*楽器には小さなピッコロ、神秘的なアルトフルートなどがある。

＊持ち替え＝それぞれの管楽器奏者の仕事の範疇として、通常の楽器以外の「特殊楽器」と言われるものに曲の中で持ち替えたりして演奏すること。作曲家が楽譜上で指示している。首席奏者（一番）には持ち替えは少なく、主に二番奏者が担当する。特殊楽器にはソロが多いため、二番奏者の音楽的表現の場となっている。

音色　フルートの音は倍音（わずかなノイズ）を豊かに含んでいて、神秘的で柔らかい。また、リード、弦などの振動体を持たないために、そのアタック（音のはじまり）もまた若干の柔らかさを持っている。こうしたことから、フルート奏者の性格は、人あたりがよく、優しく柔和であろうと思われる。

また、初心者のうちは大きい音が鳴らず、ヘタクソでもそれなりの音がするばかりか、練習していて失敗してもトランペットのように近所からクレームが来るような事態にはならないところから、奏者は上達の過程において自我・プライドを大きくは傷つけられることなく育つ。

このことは熱く燃えた体当たり的な性格よりも、むしろ冷静で客観性をともなった、学者肌の性格に奏者を導く。どことなくピントのぼけたような奏者が混じるのは、柔らかいアタックの作用であろう。

演奏感覚　楽器はおおむね金、銀などの貴金属製であり、高級感が漂う。したがって奏者には、それなりに上品な雰囲気がそなわる。貴金属と常に触れ合っていることは、奏者にいささかの冷たさ、冷静さを与える可能性もある。（近年では、Ｎ響の同僚・神田君をはじめ、新しい木製の楽器を演奏する奏者も増えているが、この音色は素朴でタイトであり、アンサンブルしやすい。この新しい音色が奏者の人格にどのような影響を与えるか、また新たな考察を試みているところである。）またフルートやピッコロはたいへん軽く、コンパクトであるために、移動や組み立てなどで奏者にかかる負担は極小であり、この楽器を選んだことを後悔している奏者はほとんどいないものと思われる。

楽器は、息の吹き出る方向に対しほぼ直角に、唇がつくる息の流れの下にあてがうように構えられる。これは、ほかのすべての管楽器とフルートを区別する最も大きな点である。このことはつまり、息の方向になんの障害物（抵抗）もないこと、言いかえると息が常に自由に出ていくのだが、逆にすぐに不足すること、また両手がほぼ自然な姿勢で構えられ、非常にテクニカルな演奏も可能であることを意味する。

したがって、ストレスが少なく、もともと貴族の楽器であったことをうかがわせる、悠揚で落ち着いた人物を作り出す。

高音域では、力強く張りのある音で楽器を鳴らす快感を味わうことができるが、低音域では音量や発音に困難をともなう（高音域への偏愛）。このことは奏者に、ややひょうひょうとした、独特の軽さ、超現実感というものをもたらす。フルート奏者が洒脱《しゃだつ》であると言われるゆえんである。

合奏機能　スコア（オーケストラの全パートが同時に書かれた楽譜）のなかでは、常に最上段に位置し、凡庸《ぼんよう》な編曲家の手にかかると、ほぼメロディだけを、しかも高音域で演奏し続けることとなる。このことは、またしても奏者に俗世間を超越した視野というものを与え、生活感や現実性の薄い、貴族的な考え方へと奏者を導く。

最高音域をのぞいては、さほど音量のある楽器ではなく、伴奏にまわった楽器が音をしぼるのに苦慮することも多い。習慣的にこうした周囲からの奉仕に慣れてゆくならば、フルート奏者の貴族的なエリート感覚はますます育《はぐく》まれることになるであろう。

吹奏楽のフルート

オーケストラでは通常二、三人のところ、人気楽器のためか音量を補うためか、ピッコロを含めて六、七人いる楽団が多いため、「セクション」として賑やかになる。

オーボエ――ストレスに苦しみ、くよくよと細かい？

オーボエについて　これまた世界中に存在する「葦笛《あしぶえ》」の末裔《まつえい》で、二枚の薄いリードの間に空気を吹き込んで音を立てる（ダブルリード）。チャルメラ、篳篥《ひちりき》、バグパイプなどが仲間である。その中でもけたたましいトルコの軍楽隊のオーボエ（ズルナ）がフランスに模倣され、洗練されたのが現在のオーボエの前身。弦楽器（ヴァイオリン）と溶け合い、音量を増す効果があることから弦楽合奏に加えられたのが「管弦楽」の始まりであり、現在でもチューニング（調弦）の規準音はオーボエが出している。哀愁を帯びた感情的・官能的な旋律が得意で、バッハの「マタイ受難曲」や「白鳥の湖」が有名。オーボエ奏者の持ち替える大きめの楽器には「新世界」で有名なイングリッシュホルン（コールアングレ）などがある。

音色　オーボエの音色はきわめて情緒的であり、たいへん鮮やかな印象を与える。こうした楽器の演奏にたずさわるならば、奏者もまたおのずから感情過多で、個性的な性格になってゆくはずである。

高音は細くなり、低音は独特の雑音をともなった、たいへん辛《から》い（刺激の強い）音色になる。メロディ主体の楽器であるにもかかわらず、美しく響く音域はわずか一オクターブ強にすぎない。こうしたことは、奏者の性格から鷹揚《おうよう》さや余裕を奪い、常に緊迫したぎりぎりの場所で生きているかのような、切羽《せっぱ》つまった雰囲気を与える。また細い高音とのたゆまぬ闘いは挑戦的な姿勢を、つらい低音は皮肉なユーモアを、奏者にもたらす。

演奏感覚　オーボエは、『ギネスブック』に載っていたほど演奏のむずかしい楽器である。これは、楽器の構造のせいで、発音、ダイナミクス、音程、運指（指使い）のいずれにも、多くの障害が与えられているためである。まず発音であるが、空気の流入量は極小であり、非常に高い圧力を要求されるために、常に体内には余分な空気があまった状態になる。このことは、奏者のなかに当然ながら鬱積《うっせき》した感情、呼吸における欲求不満を蓄積させる。

また、発音体（リード）、楽器ともに調整が微妙であり、ほんのわずかなことが演奏の大失敗につながる。生まれつきいかに楽天的な奏者といえども、演奏の現場でわずかなミスからこうした大失敗を繰り返すうちには、細かいことに神経を使う、いわゆる神経質な人間とならざるをえない。また、天候、空間、人間関係から照明、イスの高さに至るまでの状況のすべてを本人が把握していなければ不安である、という心理状態も、オーボエ奏者をよく襲う。

運指はほかの楽器よりきわめて不合理であり、また楽器の構造上、不自然に指の間隔を開かねばならない箇所があるため、テクニカルな演奏にはまったく適さない。このため、奏者は華麗さやアクロバット的な演奏を嫌い、長くゆったりしたメロディをより深く表現する方向にアイデンティティを見出《みいだ》す傾向がある。このことは奏者に、虚飾を嫌い、本質的表現を求める強い欲求を植えつけ、演奏の困難さとのあいだにはジレンマが生まれる。こうしてオーボエ奏者は、表現に対する欲求と、演奏上の大きな困難のあいだにあって、常に強いストレスを感じることになる。その結果、奏者は環境の変化に敏感で怒りっぽく、細かいことに病的なまでにうるさい性格となりがちである。

合奏機能　では、なぜそのようなヒドい（笑）楽器を好み、演奏し続けるのかというと、オーボエは合奏においては、ときとして「おいしい」（目立つ、ゆっくり、指簡単な）ソロを与えられる楽器であり、そのことが奏者にも大いなる快感をもたらすからである。このことが奏者に、ストレスと闘う強い動機を与える。しかしまた、失敗した場合にはそのダメージも巨大であり、合奏上の責任が作り上げる重圧は、またしてもストレスとなって奏者を苦しめる。このように充実感と挫折感《ざせつかん》とのあいだの振幅《しんぷく》が極端に大きいことが、そのまま奏者の性格に反映し、躁鬱《そううつ》的な気分のムラを奏者にもたらすこととなる。

しかし、このようにメロディばかり演奏し、常に主役である（自分基準）という状態は、社会人としては「自分中心のひとりよがり」という側面を生むことも忘れてはならない。

（好例がこの文章であり、自分の仕事ばかりが重要で大変なのだと思いこんで、ひとり興奮しているオーボエ奏者の姿がここにある。）

追記——その後、指揮者としてオーケストラ全体を指揮するようになってみると、自分がひとりで大騒ぎして「大ソロ！」と興奮していたものが、ほんのちょっとしたメロディのハジッコだったりすることがよくあった。がっかりだぜ。

ただ、「こう吹いてくれたら指揮者、作曲家は嬉しいだろうな～」というのを知るチャンスでもあり、オケに戻るたび、いろいろやってみたのだが、あまり喜ばれたようでもなかった。がっかりだ（笑）。

吹奏楽のオーボエ　ほとんど、管弦楽曲の編曲もので登場するソロを吹くために座っているような感じで、普段は大量のクラリネット＋サックスの音量に埋もれて聴こえない。なかにはイングリッシュホルンまで備えた豪華バンドもあると言うが、難しい楽器なのでメンバーがひとりのことも多い。二人いる楽団は贅沢。パート練習も、フルートと一緒にさせられたりしている。「いつか、オケに入ってやる！」と思っている人は多いでしょう（過去の自分）。

クラリネット――複雑さをひめた万能選手

クラリネットについて　バロック音楽の時代にはごく一部でしか用いられていなかった新しい楽器で、モーツァルトが愛して多くの名曲を残したのが活躍の始まり。一枚のリードを「マウスピース」と呼ばれる部分に糸や金具で固定して、狭い隙間に息を吹き込んで発音する「シングルリード」の楽器である。リードの幅がオーボエよりもずっと広く、音色も透明で柔らかい。A、B♭、C（管）など調によって幾つかの管を持ち替えて演奏する楽器で、それぞれの音色を生かした作曲法が取られている。モーツァルトの協奏曲やブラームスのソナタなどが有名。持ち替え楽器に小さな「Es（エス）・クラリネット」や大きくて渋い「バス・クラリネット」などがある。

音色　クラリネットの音色はなめらかで澄み、倍音が少なく、またヴィブラートもかからないため、安定感も大きい。まろやかな音色が争いごとを嫌う性格、感情の安定を作り出す一方、このなめらかさは奏者に、ある種のとりつきにくさ、他者との感情的な共感の持ちにくさを与える。人間関係は円滑に進行していながらも、友情が育ちにくいケースが想像される。

　クラリネットは音域の広い楽器であり、三種類の音色音域を持っている。このことは、奏者の性格に幅と余裕を与え、けっして単純な性格にさせることはない。深く豊かで印象的な低音はロマンティックな包容力を、澄んだ、やや甲高い高音は、それと相反する孤独を好む哲学的な嗜好《しこう》を、そしてその中間にあってけっして鳴*りきることのない音域は、奏者に若干のコンプレックスと、わずかに、性格に開放的になりきれない部分を残す。

＊　クラリネットは、楽器構造上、中音域のソ♯、ラ、シ♭――ただしA管・B♭管とも楽器上で――はきわめて鳴らしにくい。

演奏感覚　クラリネットは新しく「発明・開発」された楽器であり、ほかの原始的な木管楽器を、機能面ではるかにしのぐ存在である。とくに、ほかの楽器にとっては常に失敗の原因となるピアニシモにかんして、この楽器はなんの心配もなく対処することができる。このことはおのずから奏者に相当の精神的余裕と優越感を与える。

　口の吹奏感覚であるが、オーボエ、ファゴットなどがリードを上下の唇でくるむようにするのに対して、クラリネットにおいては上の歯が直接マウスピースにあてられ、しっかりと発音体を固定することができる。またこれは、演奏にともなう振動が直接身体《からだ》（頭蓋《ずがい》）に伝えられる状態を意味し、こんなことができるのは、サクソフォンをのぞけば管楽器で唯一《ゆいいつ》クラリネットだけである。結果として奏者は、対象に対して単刀直入な一面を持ち、あいまいさを嫌う部分を持つ。

　クラリネットの音響構造は、奇数倍音のみを持つ特殊なもの（同じ運指で一二度音程という跳躍が可能）で、このことは奏者の性格にある種の「見晴らしのよさ」をもたらし、気難しさや迷いを取り去る一方で、奏者の思考形態にもたびたび飛躍、脈絡のなさといったものをもたらす結果となる。

　クラリネットはヴィブラートをかけないために、音程は常に安定している。このことは奏者に充分な自信と安定感をもたらすと思われる。

合奏機能　特筆すべきことは、クラリネットがA管・B♭管二本の楽器とも、いわゆる移調楽器（実音と異なる調やオクターブで記譜される楽器）だということである。ほかの楽器にとっての「ド」は、クラリネットの譜面では「レ」か「ミ♭」になる。この単純な事実は、いつしか世界に対する奏者の観察をどこか一般とはズレたものにし、「変わり者」という印象を作り出すものと思われる。

　合奏において、クラリネットはまさに万能選手であり、ソロ、伴奏、内声（旋律と低音部とのあいだで、和声を充実させるための声部）と、縦横無尽の活躍を期待されている。このことは奏者に強い好奇心と、場面に合わせた素早い適応の能力を与える。

吹奏楽のクラリネット　ものすごい数（一〇人以上？）の必要な、「吹奏楽の弦楽器」であり、小型から中型（アルト）、大型（バス、コントラバス）まで、各種のクラリネットが存分にその運動性と融和性を発揮する。二、三人しかいないオケのクラリネットより当然セクションの羽振りはよいが、個人の個性を発揮する率は下がる。セクションをまとめるリーダーの責任も「隣りのセカンド」に構っていればよいオケのそれより飛躍的に増大している。クラの首席が「コンサートマスター」になっていることも多い。

ファゴット――愛すべき正義派

ファゴットについて　「薪束」の意。オーボエと同じダブルリードの発音体を持つ大きな（低音）木管楽器で、初期にはチェロと重ねて音量を増すために用いられることが多かった。ベートーヴェン時代からパートが独立すると同時に、ソロを含む二本のパートが書かれるようになった。

長い管を二つに折り畳んだ状態で組み立てる楽器で、レントゲン写真を取ると指の穴は太い管内を斜めに貫いていたりして複雑な構造である。チャイコフスキーの交響曲「悲愴」冒頭や「春の祭典」などが有名。持ち替え楽器として巨大な「コントラファゴット」がある。

音色　ファゴットは、きわめて広い音域を持っており、その音色も変化に富む。このことは当然、奏者の性格に大きな幅を持たせ、多様な側面を持った厚みのある人間像を作り出す。

もの悲しく、か細い高音はペーソスを、柔らかく深い中音は暖かみを、しわがれた低音は老成した内省的な性格を、それぞれ奏者にもたらし、かん高く苦しげな最高音域の存在は、いざとなったらなりふり構わぬ姿勢を奏者にそなえさせる。

しかし、これらすべての音域に共通するものは、きわめて特徴あるアタックによってもたらされる、とぼけた、ひょうきんな印象である。この特性はファゴット奏者をして、どことなく抜けたところのある、ユーモラスな、愛すべき人物となす。またファゴットの得意とする音域の跳躍は、奏者に唐突な話題の転換を好む性向をつけ加える。

演奏感覚　ファゴットは発音が容易であり、初心者でも音色の面でオーボエのように耳障《みみざわ》りになることがないため、奏者は安心して修練することができる。

ところがこの楽器は、木管のなかで最も大きく、重く、持ち運び、組み立てには面倒がともなう。このことは奏者に忍耐力を植えつけ、苦労に対して強靭《きょうじん》な性格をもたらす。また楽器があまりに大きいので、その細部に完全に神経を行き届かせることがむずかしいため、奏者は自分の周囲に発生する事象に対して、やや受容的な姿勢を余儀《よぎ》なくされる。

　ファゴットの運指もまた非常に複雑かつ不合理であり、奏者に思考の不規則化をうながす。ことに左手の親指という最も運動に不向きな指におびただしいキーが集中している（左手親指だけで一一個！　のキーを操作する）という事実は、奏者を不合理やまわり道をいとわぬ、丹念で地道な性

格に導く。

ファゴットの構え方は、人間が赤ん坊を抱く姿勢と酷似《こくじ》しており、また楽器の四方八方から音がするという事実も、赤ん坊を連想させるものがある（A・ベインズ著『木管楽器とその歴史』音楽之友社刊より）。暖かみのある木でできたこの楽器を、毎日このように抱いているということは、演奏に際し、潜在意識的に奏者に母性的な感覚を植えつけているものと思われる。

合奏機能　ファゴットは合奏のなかで主役になることがむしろまれであり、低音を受け持つことが多いため、奏者は自己顕示欲を抑制されて、縁の下の力持ち的役割に歓《よろこ》びを見出すようになる。これが積み重なると奏者は、代償的に自分を充足させてくれるような、強い個性、表現をもった人物（フルート、オーボエ、クラリネットなどのメロディ楽器奏者）に対するサポート精神に導かれる。

ファゴットは比較的ソロが少なく、その少ないソロに賭《か》けるけなげな意欲には、なみなみならぬものがある。ところがこの楽器は、音量、音の通りともに充分ではないために、周辺が意図せずして音量的、音域的にそのソロを妨害するようなことが多々起こりうる。これらの経験は、奏者を不正な現実への義憤《ぎふん》、マイノリティ（少数派）に対する共感、ひいては少なからぬ正義感へと導くことになる。

吹奏楽のファゴット　いましたっけ？　といつも問われる気の毒な存在はオーボエと同じだが、さらにソロも少ない。楽器も高価で難しい。部活にひとりいればとても贅沢。サックスと一緒に練習させられるし、ポップスではパーカッションに回らされたりする。「いつかオケに入ってやる……」と思っているだろう。

サクソフォン――一点こだわり型ナルシスト

サクソフォンについて　一九世紀にベルギーのアドルフ・サックスが「発明」した楽器で、シングルリード。吹奏楽を念頭に、金属製の大きな音量と、木管楽器の扱いやすさを融合し、しかも同じ音色でソプラノからバスまですべての音域をカバーできる弦楽器のような「種族楽器」の発想で大成功した。

交響楽ではビゼー「アルルの女」で用いられたのがほぼ最初で、ラヴェルの「ボレロ」などではエキゾチックなソロを聴かせるが、登場はごく稀であり、オーケストラには定席はなく楽団員もいない。一方ジャズではビッグバンドの中心セクションであり、パーカー（アルト）、コルトレーン（テナー）を始め天才奏者たちが続出した。

音色　最も特徴的なのは、そのヴィブラートである。ほかの管楽器にくらべ、相当大きくかけられるヴィブラートは、すべての音を耳当たりよく変質させる力を持つ。それは奏者をして、物事の本質をダイレクトに受け止めるのではなく、やや都合よく修正して考える傾向に導く。

　クラシック奏法における、かぎりなく柔らかいアタックもまた、奏者を夢見る世界に導き、心地よく夢見るような性格を作り出す。

　この楽器の低音域には若干の、コントロールの行き届きにくいワイルドな一面が潜んでおり、奏者の性格にも影響しているはずであるが、あまり粗野なサクソフォン奏者には出会ったことがなく、わからない。総合的には楽観的で、ストレスの少ない、やさしい性格と言え、たいへんつきあいやすい人間像と言ってよい。

演奏感覚　この楽器は、非常に広いダイナミックレンジを持つ。ことに強音は金管にも匹敵《ひってき》し、圧倒的である。このことは奏者に大きな余裕と、現実への楽観をもたらす。

　運指、奏法はいたって合理的であり、困難は少ないため、超絶技巧を好む傾向が生まれる。このことは奏者を闊達《かったつ》、敏捷《びんしょう》にする一方で、哲学的というよりは、やや表面的な思考に捕らわれるタイプにしているかもしれない。

サクソフォンは全金属製であり、このことはフルートの場合と同様、奏者の性格にある種の冷たさを与えると思われる。さらにこの楽器は手だけで支えるにはやや重く、首からストラップによって吊《つ》るしていることが多い。これは奏者に楽器と物理的に不可分な関係にあるという、ある種の束縛感を与える。このことは奏者の発想、性格に「一点へのこだわり」を作り出し、長期にわたってひとつのテーマに取り組むことなどを得意とさせる。

合奏機能　サクソフォンは、その新しさゆえに、純粋なクラシック音楽、ことに交響楽団、オーケストラにおいてはきわめてレパートリーの範囲が限られた楽器である。したがって、ほかの楽器との交流が少なく、サクソフォン奏者同士のコミュニティが強く発達する傾向にある。
　また管楽器としては、ほとんどこの楽器にのみ存在する「音程」にかけられるヴィ

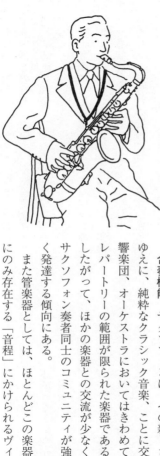

ブラート（ほかの管楽器のヴィブラートは「音量」にかけられる）は、ほかのオーケストラ楽器との合奏において、やや異質な存在となって和音の溶け合いを難しいものにする。こうして奏者は、やむなく同属楽器の奏者同士の結束を強め、閉鎖的となる傾向がある。

その象徴的な演奏形態が、サクソフォンのみによる合奏である。みずからもサクソフォン演奏に関係したことのある人びとが、非常に熱心な聴衆層を形成し、ひとつの閉鎖した音楽社会をかたちづくる。こうした単一な社会構造は、奏者に一定の規律と安住の地を与え、外界との接触に対する熱意を感じなくさせる。

吹奏楽のサクソフォン

オケにはほとんど曲がない、あっても一、二本の参加が多い、というなかで、吹奏楽では不動のセクション（アルト二、テナー、バリトンの四人——近年はソプラノも加え五人になることがある）を結成し、クラリネットと金管群の音を結びつける最重要セクションとなっている。クラシックでもポップスでも出番は充分、ソロも多い。

吹奏楽ではないが、ビッグバンド・ジャズ（スイング・バンド）では五人（テナーも二人）で中核となり、クラリネットやフルートさえ持ち替えてしまう楽しさである。ジャズやるべ？

ホルン――忍耐強い寡黙《かもく》の人

ホルンについて　狩りをするときに馬上で輪になった管を肩にかけ、後方に獲物の動向を知らせる「狩りのホルン（角笛）」が、安定した音程を買われて管弦楽の補強に用いられたのが始まり。発音は小さなカップ状の「マウスピース」に唇を当てて「ぷー」と吹き鳴らす音が真鍮製のラッパによって拡大される「金管楽器」の一種。音程はこの「ぷー」を唇のテンションで変えて作っている。一八世紀までは一本の管を巻いたものであって出せる音は限られ、曲の調によって管を差し替えたりする必要があったが、一九世紀になって管のバイパスを指先で操作できるロータリーやピストンが備わって、滑らかな音階が吹けるようになった。チャイコフスキー五番の長いソロや、マーラーの交響曲第一番や、交響詩「ドン・ファン」などの圧倒的な響きが有名。持ち替え楽器には、ワーグナーが自分のオペラのために開発した「ワーグナー・テューバ」がある。

音色　ホルンの音色はきわめて柔らかく、太く、まろやかである一方、硬質な表現も可能である。まずは奏者のなかに、こうした男性的側面が助長されてゆくことになるだろう。

音域はきわめて広く、それもまた奏者の性格に幅と余裕を与えることになる。細く張りのある高音は強い意志力を、鳴りわたる中音は人間的な幅の広さを、グロテスクな低音は若干のS的傾向をもたらす。

演奏感覚　特筆すべきは、その構え方である。奏者は朝顔のなかに右手をさし入れ、さらにみずからの身体《からだ》にかぶせるようにして朝顔を保持する。発音された音はまず奏者の右手に当たり、さらに腹部周辺に返ってくることとなる。そのことは当然、奏者に寡黙な、言葉をよく吟味してからでなくては発言しない姿勢をもたらす。対人関係においては常に控えめであり、地味な、しかし考え深い印象を与える。

ホルンはたいへんに音がはずれやすい楽器であり、その演奏には多大なリスクをともなう。このことは奏者にオーボエ奏者と同様の、神経質で不機嫌な側面を与える。

一方、失敗した際に与える印象を比較的小さくとどめようとする努力は、危険への関心と独特のユーモアを植えつける。

ホルン奏者は、楽譜をほとんど常に移調して演奏しなくてはならないため、その思考経路はきわめて複雑になる。結果としてホルン奏者は、単純なことも複雑に考えずにはおれないという、熟考癖のある人間となりやすい。

合奏機能　ホルンに最も期待される機能は、内声部を、長い持続音によって充実させることである。ホルンの保持音が、非常な安定感を持っているためである。こうしたことは、奏者を冷静で内向的な性格に導き、たとえ目立たぬままで終わっても、長期にわたってことにとりくむという忍耐力と展望を与える。

ホルンはよく溶け合う音色を持ち、ホルン同士のユニゾン（いくつかの楽器で同じ音符やメロディを演奏すること）、和音は最大の効果を持っているため、同種楽器奏者の結束が固い。このことはまた、奏者に役割意識というものを強く植えつけ、人間関係においてもけっして出すぎたり、弱すぎたりということのない、バランスのとれた社会的存在として、人望を作り上げる。なお、このホルンの和音が、密集配置ではなく、開離配置（和音のそれぞれの音があまり接近していないこと）でのほうが美しい

という事実は、奏者同士の人間関係を抑制された、若干の距離をおいてのそれにとどめる。

ホルンの仕事は単調で繰り返しが多いため、奏者は退屈に強く、「ひまつぶし」の方法をいろいろ知っている。

吹奏楽のホルン 四人くらいでちょうどよいセクションを形成し、「伸ばし、後ウチ、刻み」にいそしみ、ときどきかっこいいメロディを咆哮しているのはオケと同じ。最もオケとの差が少ないセクションかもしれない。

トランペット——神格化された、やる気満々のエース

トランペットについて 非常に古くから存在した「ラッパ」であり、角笛、ホラ貝なども仲間。発音原理はホルンと同じだが、管は一本が真っすぐ前を向いている構造で、より音量が大きく輝かしい。歴史的には王家、神などのお告げや、軍隊の命令を信号として伝える楽器であった（今日でも自衛隊の起床から就寝までの生活はラッパの信号で伝達される）。クラシック音楽でも、神や軍隊の象徴として用いら

れることが多かった。最初はやはり一本の管だけであったが、ピストンを装備して旋律が吹けるようになるのはホルンと同じく一九世紀から。あらゆるファンファーレのほか、「展覧会の絵」や「パリのアメリカ人」などが有名。持ち替え楽器としては最高音域を担当する「ピッコロ・トランペット」などがある。

音色　きわめて勇壮で、輝かしく、高貴な印象を持った音色である。奏者はおしなべて真の意味で勇敢であり、自分の求められた場面においては、困難にひるむことなく突進することを知っている。

しかし、この限定された自己発現への強い自覚は、往々にして奏者を、演奏以外の事象への関心から遠ざける。トランペット奏者の大きな憧れの対象は、「高音域」にある。最高音域を自由に吹きこなす奏者は、トランペット吹き全員にとっての神であり、その事実は高い音になればなるほど演奏が難しいこの楽器奏者共通の、ほかの楽器には見られない重要な特徴である（たとえば、ヴァイオリンやフルートで、「あの人高い音出るからすごいね〜!」という評価は聞いたことがない)。

そのためなのか、日常においては、優れた軍人や格闘技の選手がそうであるように、どちらかというと明るい人物が多い。

演奏感覚 トランペットは、きわめて肉体的な負担の大きな楽器であり、その演奏の完遂《かんすい》には常日ごろからのたゆまぬトレーニングが欠かせない。

このことは奏者の人生をスポーツマン的にし、肉体依存の思考形態を作り上げる。すなわち、健全な発想、明快な思考経路、単純な結論などである。このため奏者には、非常に性格のはっきりした、明るい人物が多く、苦悩や逡巡《しゅんじゅん》などとは無縁である。

楽器は奏者の口から真っ直《ます》ぐに聴衆にむけて指向され、吹奏感覚上、最もストレートな楽器と言える。

すなわち、吹き込んだ空気がすべて聴衆に対して、むだなく完全に作用するという感覚である。

このことは奏者に、対人関係においてもむだを嫌い、まわり道を避けるストレートな性格を与えるとともに、奏者は常に自らのもたらす影響の甚大《じんだい》さについて考察を余儀なくされることから、その人格はむしろ謙虚で柔軟な部分を持つ。

合奏機能　トランペットのソロは、最も重要な場面で登場し、最大の効果を持っているために、責任も快感も大きい一方、もし失敗が起こったときには、容易にコンサート全体を破壊するだけのインパクトを持っている。このことは奏者に、一発勝負の賭博師《とばくし》的傾向と、たゆまぬトレーニングによってわずかでも確率を上げてゆこうとする堅実な側面の両方をもたらす。

吹奏楽のトランペット　オケ（交響楽）のトランペットは二人が基本で、出番は多くなく、昔の楽器の機能が制限されていたことからメロディなども少なく、音量もあまり出せないが、吹奏楽では全くの花形。部活によっては六、七人が居並んで、ずっとみんなでメロディを吹いていたりする。ビッグバンド・ジャズの世界の快感に近い。それでも大学からオケに入ってくる人がいるのは、一九世紀後半からのシンフォニー（オケ）がとてもカッコいいからなのだろうな。

トロンボーン――温暖な酒豪、いつも上機嫌

トロンボーンについて　古来から教会音楽において合唱とともに演奏し、音程を

示す役割を担っていた。そのため、アルト、テナー、バスの音域別の三種類がセットになって演奏していた。金管楽器としての発音原理はホルンやトランペットと同じだが、「スライド」という管を滑らかに伸び縮みさせるシステムを持っていて、半音階でも自由に吹けた。交響曲やオペラでも祈りの場面や死の暗示に用いられることが多い。音量があって自由な金管楽器として活躍させたのはベルリオーズの「幻想交響曲」などが最初である。モーツァルト「レクイエム」などでその活躍が聴ける。持ち替え楽器は「バス・トランペット」(ワーグナーが開発)など。

音色 この楽器の太く、大きく、柔らかく、余裕のある響きは、奏者をして、落ち着いた、貫禄《かんろく》のある人物像へと導くとともに、音色の開放的で、温かな存在感は、人当たりのよい好人物を作り出す。

トロンボーンは、音量の大きな金管楽器のなかでも、トランペットと並んで最大級の音量を持っている。全オーケストラを圧倒するこうした力は、奏者に巨大なカタルシスをもたらし、精神衛生上きわめて良好な状態に導く。

高音域は張りがあり、真っ直ぐな管からもたらされる響きは、ストレートで明るく、開いている。また低音は少なからずグロテスクで、恫喝的描写によく用いられる。こうしたことから、奏者は都会的で気取った気難しい人物よりも、素朴で自然、庶民的な雰囲気を漂わせる。トロンボーン奏者がおしなべて酒に強く、そのいずれもが陽気な酒であるのは、こうした音色的影響が強い。

演奏感覚　第一にトロンボーンはオーケストラのすべての楽器のなかで、最も古くから変化せずに伝わる単純なメカニズム（スライド）を持つ楽器であり、ことに音程にかんしては、楽器の側に、基準として奏者に指針を与えるべきキーやピストンを持たない点に特徴が認められる。このようにマーキングなしでスライドを操る右腕を素早い速度で相当正確な位置に移動しなくてはならない事実は、奏者の自主的な自己管理能力を高めてゆくことにつながるとも考えられる。

ほかのすべての管楽器が、多かれ少なかれメカニズムの搭載《とうさい》をへて発達してきたなかにあって、トロンボーンのみは、なぜヴァルブ化しなかったのだろうか。それは、歴史上の奏者たちが、ホルンやテューバのようにくるくると巻いた管からもたらされる、こもった響きを嫌い、あくまで真っ直ぐな管からもたらされるストレートな響きにこだわったためと考えられる。こうした傾向は奏者を嘘《うそ》のつけない、率直な人格に導くものと思われる。

トロンボーンの演奏では、ことにスライドが長く押し出されるその前後方向において、大きな空間的余裕を必要とする。こうしたことは、楽器の原始的（簡潔な）構造とあいまって、室内より屋外、都会より自然を好むアウトドア志向、開放空間志向の人間を作り出す。特定の練習場を持たないアマチュアや音楽大学生のトロンボーン奏者が、よく屋外で練習をしているのは、こうした理由による（のかな？）。

合奏機能　トロンボーンは、少なくともクラシックのオーケストラにおいては、じつに限定された使用方法をされている楽器であり、その活躍の機会は意外なほど少ない。さらに、登場してもその仕事はすべて華やかなファンファーレというわけではなく、内声の充実やコラール（合唱のように、ハーモニーをつくってゆっくり歌う部分）などの地味な仕事のほうがむしろ多い。こうして奏者は仕事、ひいては人生についての大いなる楽観と、こうした楽器を選んだ自分の特異な嗜好《しこう》への諦観《ていかん》を持ち、すべてをあるがままに受けいれるという現実受容的姿勢にいたる。トロンボーンは神の声の象徴とされてきた楽器で、そうした達観も何かの関連性があるのかもしれない。

交響楽ではトロンボーンが一本のソロで用いられることはきわめてまれであり、またその効果もトランペットにくらべ限定される。ほとんどが三本によるハーモニー、ユニゾン、テューバとのコラールであり、この楽器はこうした機能において最もその真価を発揮する。この場合においては、三本のトロンボーンのいずれもが、出すぎず隠れずに、きわめて正しいバランスで演奏されなければ、和音として美しく響かない。微妙に音程をコントロールできるスライドに固執したのも、平均律の、それなりの和音ではなく、より澄んだ純正調の和音へのこだわりが原因のひとつにあったものと思われる。こうした和音への機能偏向は、奏者における突出した個性、自己中心的発想、自己陶酔などの発達をさまたげ、融和的性格を形成し、人間関係におけるバランス感覚を発達させる。テューバをふくむ同一楽器の奏者間の結束の強さは、こうした日常的合奏体験に由来すると考えられる。

〈追記――ジャズのビッグ・バンド〉

いますっかり減ってしまったが、ドリフの「8時だョ！　全員集合」をはじめ、かつてはテレビの生放送にも多くのビッグバンドが出演していた。スイング・ジャズの全盛期以降には多くの巨匠ミュージシャンが自らのバンドを率いて、文字通り「オーケストラ」と名乗っていた（グレン・ミラー、デューク・エリントン、カウント・ベイシー、サド・ジョーンズ+メル・ルイス、秋吉敏子など）。この編成は、四人程度のリズム・セクション（ピアノ、ベース、ドラムス）のほか、サックス五人、トランペット四人、トロンボーン四人くらいが標準で、金管はさまざまなミュートを用いて音色を変え、サックス奏者はクラリネットやフルートを持ち替えて演奏していた。ソロのある奏者は歩いてマイク・スタンドまでやってくるのがカッコいい。これらの演奏を聴くと、二〇世紀に最も脚光を浴びた「新しいオーケストラ」は、交響楽団ではなく、こうしたビッグ・バンド・ジャズだったのではないかと思えてくる。いつかはこのジャンルの「楽器別人間学」も研究してみたいと思っております。参考は『スウィングガールズ』と、山下洋輔ビッグバンド（筆者も「お味噌」で参加したことあり）です。

吹奏楽のトロンボーン　トランペットと同じく、オケより出番は圧倒的に多くて活躍できる。振り付けつきの曲などではいろいろ見せ場もある。人数はオケと同じ3人が基本だが、増員もある。

テューバ――底辺を支える内向派

テューバについて　この、ロータリーを備えた超大型（低音）金管楽器の歴史は複雑である。オーケストラがこうした大型金管を必要と感じたとき（ベルリオーズ、メンデルスゾーンなど）、最初に導入されたのは「オフィクレイド」という、発音は金管だが大きな真鍮の管のあちこちに指で開閉する穴があるという木管楽器の構造を持った楽器だった。その後ロータリーつきの（バス）テューバが世界各国で開発されたが、大きさ、調、形状などは今日でも完全には統一されていない。「展覧会の絵」の牛車、シベリウス「フィンランディア」のソロなどが有名。真価はトロンボーンと組んでの美しいコラール（「悲愴」「新世界」など）にあり、ワーグナーのオペラではさまざまな音域のテューバが動員されて迫力あるコラールが響く。

音色　あたかも地面が鳴動《めいどう》するかのような、オーケストラの低音域をゆるがす、きわめて力強い音色は、奏者に強い確信と、求心的な傾向をもたらす。また、発音は同一音域のすべての低音楽器を凌駕《りょうが》するほど鮮やかである。巨大な空気柱の振動を一瞬にしてスタートさせる超自然的な力を有しており、こうした力を操る奏者には、どこか神がかり的超越性がそなわる。

高音域はどこまでも甘く柔らかであり、日ごろ低音の充実において男性的性格を前面に押し出している奏者に、きわめてロマンティックな一面を隠し持たせる。

この高音域だけを取り出した楽器がユーフォニアムであるが、この楽器においては機能面で充実する一方、テューバにおけるような個々の音に対する強い共感、思い入れが薄れ、技術偏重↓運動性能重視の傾向が強まり、性格的にも甘い旋律の歌い方など、テューバとは異なる美意識が育っている。コントラバスとチェロの関係を思わせる。

演奏感覚　テューバは演奏において最大の苦痛をともなう楽器である。楽器の重量、必要な空気の量、高い圧力、唇の大きな震動による顔面のしびれ、ピストン操作時に指にかかる負担など、すべてがほかの楽器にくらべて大きい。しかも、こうした苦痛に耐えて作り出される音のほとんどは、それ自体として聴衆に認識され評価されるということがない。

こうしたことは、奏者に自己の作業について正当な第三者からの評価がなくとも、あくまでも丹念に取り組み続けるという地味で、いわば農業的な観念を植えつける。発音そのものが肉体にもたらす充実感も、そうした傾向を助長する。

性格面では内向的であり、一方でこうした日陰者の存在であることに対する鬱積から、虚飾や表層的欺瞞《ぎまん》に対し、強い反発を抱いていることが多い。

合奏機能　仕事のほとんどが低音の支えであることは当然としても、テューバの場合には「低音の支えの支え」とでもいうべき、音色、音量の面で不足しがちな低音楽器全体を補強するという役割が最も期待されている。オーケストラのなかで最も間接的な機能と言える。この事実はしかし、奏者にその巨大な力をすべて社会の底辺を支えるために用いるということへの、強い誇りと自覚をもたらし、ひいては社会意識と正義感にみちた人格を作り出す。

その出番の少なさは、トロンボーンの場合と同じく、奏者にある種の諦観、虚無感を植えつけるとともに、ひとたび演奏参加となった場合は、強い責任感、充実感を与える。交響楽の演奏ではほとんどがトロンボーン・セクション（三人）との共同作業になるが、楽器の構造がテューバだけは異なっているため、音色、音量の融和にはひときわ細かい神経が求められる。このことは、当人にとって、ひとつひとつの音、仕事の有する意味がほかの楽器にくらべ、はるかに大きいということであり、性格的には誠意ある人物像を作り出す。

吹奏楽のテューバ　楽団が自分以外全員女子、という経験をしている男子生徒もいることでしょう。しかし音の極端に少ない管弦楽のテューバと違い、吹奏楽のテューバは多くの場合唯一の低音楽器で、のべつ吹きっぱなしな上、いないと、あるいはちょっと音を抜かしたら合奏が成り立たないというヤバいポジションである。二人にしてくれれば交代できるのだが、今度は音量が出過ぎるので叱られたりする。「弦バス」（コントラバス）入ってくれないかな〜、と思っている子は多い。かな？

ティンパニ、打楽器——いたずら好きでクールな点的思考者

ティンパニについて　ティンパニは当初、トランペットとともに楽曲にアクセントを付ける役割を担った。一八世紀までのティンパニはペダルがなく、簡単には音が換えられなかったため、交響曲の間じゅう二つの音だけで演奏し、転調した場合には休んでいた（ベートーヴェンは楽章の間で音を変える指示をしている）。一九世紀から次第に皮の張力（音程）を自由に変更できるメカニズムが登場し、活躍の場面は大きく広がった。バチは、一八世紀までは小太鼓のような木製が主だったが、ベルリオーズは「海綿」などで打つ（柔らかな音）を指示しており、バチの材質も今ではさまざまな音色の要求に応えるため多様で、奏者の近くには多くのバチが下がっているのを見ることができる。ヨーロッパではオーケストラのティンパニ奏者は、小太鼓やシンバルなどほかの打楽器を演奏しないのが通例で、特別な存在である。

打楽器について　ティンパニ以外の打楽器で、最初にオーケストラに加わってきたのは「トルコ楽器」と言われる大太鼓、シンバル、トライアングルの組み合わせ

で、トルコの軍楽隊の描写、模倣、暗示などに用いられた。モーツァルトの「後宮からの逃走」や「第九交響曲」のフィナーレがそれである。やがてさまざまな民族的な描写のために、それらの場面限定でタンバリン、カスタネット、小太鼓などが用いられ(「カルメン」)、木琴や鉄琴は大きな管弦楽で旋律線を輝かしく補強するために用いられた(「剣の舞」「魔法使いの弟子」)。管弦楽の魔術師と言われたラヴェルは、シンバル一つにしても実に多様な音色、奏法を要求していて、二〇世紀音楽は打楽器の時代となった。代表的なものに「ダフニスとクロエ」や「スペイン狂詩曲」がある。

音色　打楽器の音色はきわめて多彩であり、統一的な考察は困難であるが、一般的にはそのほとんどが衝撃・減衰音であり、不規則な高次倍音を非常に多く含んでいると考えられる。このため奏者はきわめて瞬発力に富み、一点への集中性についてほかに類をみない強さを発揮する一方、その思考形態は点的で、本来、線的(アナログ)である音楽という表現形式を点の連続によって思考してゆく(デジタル)という特徴を持つ。

結果として奏者は冷静で客観的であり、情緒的感情的な起伏の少ない安定した人格を形成する。

ティンパニの、オーケストラを根底から突き動かすような音色は、奏者の性格に大きな恰幅《かっぷく》と深み、洞察力を与え、またいかなる楽器をも包み込む包容力をもたらす。

小物楽器（トライアングル、タンバリン、カスタネットなど）のおおむね金属的な衝撃音は、奏者の知的好奇心を発達させ、その人生を趣味的にする。打楽器奏者に雑学にたけた者が多いのは、このことに起因する。しかし、*ロール、トレモロをのぞくすべての音色は、アタックのみによる減衰音であり、アナログ的ダイナミクス、ヴィブラートなど、情緒的表現が不可能であることから、奏者の表現性は常に抽象的とならざるを得ない。結果として、人間関係においてはドライな、感情的共鳴の少ない人間像を形成することになる。

総括的には、打楽器奏者はどこかクールで精密な、アンドロイド的、機械的印象を与えることになる。打楽器奏者に、ポーカーフェイスを必須《ひっす》とするギャンブルに強い者が多いのはこのためである。

＊ ロール＝両方のバチできわめて速く叩《たた》くことによって、ダーッと、音がつながっているように聞こえさせる技術。

演奏感覚　打楽器の演奏のすべては非常に大きな快感を奏者にもたらす。楽器そのものの音響効率がきわめて高く、少ない労力で、大きな非常に目立つ音を作り出すことができるためである。こうしたことは、当然奏者に最大級のカタルシスを与えることとなるが、その一方、奏法が単純であるだけに、演奏の実際において必然的に発生する楽器のコントロールの微妙さ、困難さは、隠すすべもなく聞きとられてしまう。いっさいやり直しのきかない楽器だけに、奏者に万全の準備と細心の注意力、高度な集中力が要求され、プレッシャーも強くなる。この、最大のプレッシャーから最大のカタルシス、という転換が一瞬のうちに起こるのが、打楽器演奏の実態なのである。こうしたことを日常的に体験するうち、奏者はスリルへの強い欲求を持ち、危険をあえて好む冒険的な、しかし一面ニヒルな性格へとなってゆく。

多数の楽器をつぎつぎとひとりで演奏していくということは、奏者の性格にきわめて多彩な側面と変身願望をそなえさせる。しかし、そのいずれもが空気中にとどまることなく消えてゆくはかない音であるという事実は、ロール、トレモロという疑似的方法による代価行為をもってしても補いきることはできない。それが奏者に若干のペーソスと、現実への醒《さ》めた視線をもたらす。

またこうした「楽器」としての根本的機能の欠落は、奏者に強いコンプレックスを植えつけ、その裏返しとしてのカタルシスの共有とあいまって、ここでも同一の楽器奏者同士の強い結束が導かれる。

合奏機能　打楽器においては単純な衝撃音以外では単調な仕事の繰り返しが多く、ことに練習においてその傾向が強い。このことは奏者に忍耐力と自己管理能力を与え、情緒的に安定した人物を作り出す。

小物打楽器の衝撃音が聴衆に与えるインパクトには大きなものがあるところから、奏者はおしなべていたずら好きでユーモラスな部分を持つ。

対照的に、ティンパニにおいてはオーケストラの深奥部にあって、常にその動静が巨大な音楽的影響力を発揮するため、奏者はしだいに慎重、冷静で思索的な傾向を持つようになる。

吹奏楽の打楽器　吹奏楽の原点は軍楽隊にもあり、当然行進曲は重要なレパートリーになる。ここでは小太鼓、シンバル、大太鼓といった打楽器がある意味主役で、オケの交響曲におけるティンパニ中心の打楽器セクションとは逆転している。吹奏楽におけるポップス演奏でも木琴、鉄琴、ラテン楽器など打楽器の活躍はとても楽しい。ちなみに管弦楽では「打楽器」だが、吹奏楽では「パーカッション」と呼ぶことが多い。

【弦楽器編】

ヴァイオリン――陰影に富んだユニバーサルの人

ヴァイオリンについて　四本の弦を持ち、それを馬の尻尾の毛を張った「弓」でこすることで音を出すのが今日のオーケストラを構成する「弦楽器」に共通した構造である。全部の音域を均質の音色で演奏できることから、多数のヴァイオリンで「独奏⇔全員」、という強弱を作って演奏し、それを同属のチェロなどが低音から補強する音楽（「コンチェルト・グロッソ」）がイタリアで流行したのがオーケストラの原初と言われている（強弱のコントラストを人数で表現したことは、オーケストラという存在の根本的な特徴を作ることになった）。合唱の四つの声部に対応するように、現在までのオーケストラの弦楽器は第一、第二ヴァイオリン、ヴィオラ、チェロ（それに重ねるコントラバス）で四声部を作っている。

楽器が高価なのは有名で、モーツァルト以前の時代から名器として伝わるものが今日のコンサートでも使われているのは奇跡的と思える。協奏曲も数多く、ヴィヴァルディの「四季」や、チャイコフスキーのそれが有名。

音色　ヴァイオリンそのものの音色は、甘く、艶《つや》やかでなめらか、潤《うるお》いにみちた心をとろかすような美音から、神経をさかなでするような、いらだたしい音まで、じつに広範囲にわたっている。

これはとりもなおさずヴァイオリンという楽器の表現力の広さ、万能性を物語るものである。ある楽器の持つ「特性」は、それ以外の要素の退行を意味し、なんらかの「偏向」に起因する。ならば、ヴァイオリンの音色はほとんど不可能のない、ユニバーサルなものであると言える一方、特別な強い個性を持たないニュートラルなものであると見ることができる。

こういう音色は奏者にも反映し、ヴァイオリン奏者は、少なくとも集団として観察した場合においては、特別に強い、偏《かたよ》った個性（欠点）を持たず、表面的には平均的かつ善良な社会人としての印象を与えることが多い。

これは、オーケストラのなかでヴァイオリンを主体とする弦楽器が、音楽の基本構造をになっていることと無関係ではない。管楽器がそれぞれ固有の色彩的音色に合った役割分担を持っており、その奏者も強い特性と欠陥とをあわせ持っているのとは対照的に、弦楽器は常に、どのような場面でも演奏することのできる機能と、すべての音域をカバーする同族楽器のなかでの完全な一体感、融合性、またほかのどの楽器と組み合わされても溶け合うことのできる音色とを持っている。いわば管楽器をオカズ、打楽器を調味料とすれば、弦楽器はご飯、という位置を占めているのである。

こうしたことは、弦楽器奏者、ことにそれをリードする立場にあるヴァイオリン奏者をして、そつのない、だれと接しても常に人あたりのいい、常識ある、安定した人格へと導く。

さて、ここまで述べたことは多かれ少なかれ弦楽器全体に共通する事実、あるいは、弦が集合体として存在するときに顕著となる傾向であるが、ヴァイオリンのみを取り上げて観察した場合、ヴィオラ以下の楽器とは異なる音色的特徴が存在することも事実である。

まず第一にあげられるのは、音域の制約である。ヴァイオリンは高音楽器であり、おのずからその印象は、ヴィオラ以下の楽器とくらべて華麗、明快、繊細といった方向に位置し、それらは細い、かん高い、ヒステリックという側面をも作り出す。奏者もそれにしたがって一般的には繊細、敏感、そしてときには我《が》強く、許容範囲が狭いという印象を与える可能性がある。

また、この楽器が四本の弦を持っているという事実は、若干の音色的個性をこの楽器にもたらしているために、つぎのような人格形成を推測することができる。

最低音域を受けもつG線はガット（羊の腸）を主体にし、太い、やや枯れた音色を持ち、深いヴィブラートとともに演奏される響きは、胸郭《きょうかく》が広がるかのような独特の生理的快感をともなう。こうしたG線は、奏者に包容力と勇壮さをかねそなえた男性的な側面をもたらす。一方の、最高音域であるE線は金属性であり、細く、しかし甘く艶やかな、ややかん高い、きわめて表現的な響きを持っている。

奏者はエキセントリックで、やや線の細い、神経質な性格へと導かれる。女性的と表現するのは失礼であろうか（この中間にある二本の線〔D、A〕もまた独特の音色と機能、演奏感覚を持っているというが、筆者の見識を超えるためここでは触れない）。

こうした複数の音色・性格が同時に存在し、矛盾なく連続しているのがヴァイオリンなのであり、おのずから奏者の性格もまたけっして一面的でなく、陰影のある深みにみちた人間像を形成することになってゆくであろう。

演奏感覚 楽器は木製であり、持ってみると驚くほど軽く（あんなに高価なのに！）、暖かい、快い手触りを持っている。美しく、高価なものが多い楽器で、骨董品《こっとうひん》として価値のあるものも少なくない。長年の製作の研究から、その形態はすでに数百年前には「完成されていた」と言われるほど合理的で、美意識にみちた構造、フォルムを持っている。

音響的にも非常にすぐれており、大きな反響体（胴体）は、演奏するすべての音をほどよく拡大し、心地よい残響をつくってくれる。

こうした、洗練されつくした楽器を毎日演奏し、「すぐれた道具を手にする快感」とともに生きるうちに奏者は、道具へのストレスの少ない、ノーブルで洗練された、ブルジョワ的感覚を身につけてゆく。

実際の演奏においてまず重要と思われるのは、その演奏技術の微妙さである。左手の運指は、指板の上のきわめて狭い場所で複雑な運動を強要される。またボウイング（弓使い）においては、単純に「不必要な弦をひっかけない」だけでも微妙な神経が必要となる（四本の弦は駒《こま》のごく僅かなカーブによって高さがずらされているだけである）。こうした、極小の運動を常にコントロールする必要性は、奏者に繊細で神経質な面を与える。

つぎに重要なのは、右手に弓、左手に楽器、という両手の分業化である。ヴァイオリンの演奏においては、右手は感情を、左手は技術を象徴するとよく言われる。右手に要求されるものは、ボウイングにともなう音色、音量の変化といった「表現」の部分であり、左手には指の細かい「技術」が求められている。この分業は、有名な右脳と左脳の分割分担にみごとに対応している。すなわち感情情緒に対応し右半身をつかさどる左脳が右手、運動技術に対応し左半身を担当する右脳が左手に直結し、合理的な人体の活用がおこなわれているのである。ヴァイオリニストの、偏向の少ない安定した人間性は、こうしたことからも導かれるものと思われる。ただ、この左右分業は演奏に少々不自然な自然を要求することから、腕、肩、首など、あっちこっちが痛い、と言っている奏者は多いようだ。

合奏機能　まず第一に、ヴァイオリンはオーケストラのなかで最大の、同種楽器集団を形成している点に注目したい。第一ヴァイオリンだけで多いときには二〇人、第二ヴァイオリンもユニゾン（和音に分かれず、同じ旋律を複数のパートが一斉に弾くこと）となって演奏する場合においては、じつに四〇人という数が、まさに一糸乱れずに完全に同じボウイング、同じ音程、同じタイミング、同じニュアンスで演奏している。このことは、自分の音が大勢と混じりあい、共鳴しあって非常に強い音となってゆくという、最強集団の一員としての安定感、安心感とともに、好き勝手は許されないという制約をも生む。

結果として奏者は、忍耐と客観性にたけ、仮面をつけて集団に同化することのできる匿名性《とくめいせい》を身につけてゆく。

しかし、こうした基本的動向とはべつに、オーケストラのヴァイオリニストは、その入団時に配属が決定される職種によって大きく後天的に性格が変化してゆく。合奏機能による人格形成の最大の典型を、この楽器において見ることができる。以下にその三つの職種による、人格の変異を併記する。

コンサートマスター

この人物に求められるのは、なにをおいてもゆるぎない確信と冷静さであろう。オーケストラが演奏中に指揮者との関係でしばしば遭遇《そうぐう》する危険な場面において、最も期待されるのがこのコンサートマスターの冷静な判断力だからである。こうしたことは、オケの最大セクションで最高の技術を持つ人間として自他ともに認める状況が作り出す自覚と自信、その職責の大きさなどとあいまって、きわめてすぐれた、本当の意味でのリーダーシップを持った人格を形成する。具体的には、前述のごとく冷静で客観性に富み、内面に秘めた自負を背景に、強い説得力を持った人格が典型となる。

●プロのオーケストラの場合、コンサートマスターは通常の団員から「選挙」されたり「出世」してなるのではなく、外部から「コンサートマスター求む」というかたちで募集されたりゲストとして招聘されたりするポジションで、勤務体系や給料なども違っている。いくつものオケのコンマスを兼任している人も多い。

ボウイング——このコンサートマスターの重要な仕事のひとつに、ボウイングを決める、というのがある。よく間違って「ボーイング」と表記されているが、語源は「弓（BOW）」なので飛行機と混同しないようにお願いします。これはオーケストラの弦楽器全体が、一斉に同じ弓使い（下げたり、上げたり）をするための「振り付け」のようなもので、もちろん音楽的にも重要（らしい。管楽器奏者には皆目理解できない）だが、何より「見た目」のためにみんなで揃えて弾く、ということのようである。「弓を返す」とか「送る」「戻す」とか、「飛ばす」とか「弾《ひ》く（！）」とか、弦楽器特有の表現は結構あり、もしかするとやっぱり飛行機と関係あるのかもしれない、と思って聞いている。

第一ヴァイオリン

さきほどオーケストラのヴァイオリン奏者の総論において書いたような、団体への強い順応性は、この第一ヴァイオリンにおいて、最も強く要求されるはずである。それはこのセクションが、じつはオーケストラで最もひんぱんにメロディを弾き、ほぼ常に主役の地位をしめている、という事実による。したがって、日常における発言の多さ、行動の積極性、健全な発想などは、弦楽器のなかにおいては第一ヴァイオリン奏者に特有のものであると言える。

第二ヴァイオリン

一方、第二ヴァイオリンは、オーケストラ中で、最も複雑な業務にたずさわることになる。この職種が人格形成面で奏者に与える影響もまた、じつに複雑多様であると言える。生涯自分は主役ではないという悲劇的事実、しかもときとして要求される完全な自己抹消、演奏する音域・音量が中途半端で煮え切らないというフラストレーション。伴奏を主体とする仕事における、弾きにくい音形、うんざりするほどの反復音形（同じことの繰り返し）などが求める忍耐。同じように教育を受け、楽器を習得しながら、毎日隣で自分たちを尻目《しりめ》に心地よさそうに演奏を続ける第一ヴァイオリンの存在。こうした、もはや最大の幸福を求めても得られぬ人生の宿命と矛盾への考察から、奏者は大いなる哲学的思考に導かれる。結果として奏者たちは、諦観と深い人間観察にもとづくユーモア、アイロニーとペーソス、メランコリー、他者への深い思いやり、正義感などを身につけた、きわめて魅力的な人間像を形成する。

●ここで、ヴァイオリンを含む弦楽器の、通常以外の演奏法（音色）をご紹介しておく。これは作曲家が楽譜上で指定してくるものであり、それぞれに特別な音色と効果を持っている。

・**ピツィカート**（Pizz.）　弦を指ではじく弾き方。ジャズの「ベース」はほとんど常にピツィカートをしていることになる。再び戻って普通に弓で弾くことはArco（アルコ）と指示する。全員そろってぽん、とはじくのは結構恐怖だろうなと思って見ています。

・**ミュート**（弱音器 con sordino）　駒の上に挟む小さな物体で、これを装着して演奏すると音は曇って不思議な静けさになる。結構小さいので「ミュート忘れた！」とか「落とした！」と言っているヴァイオリン奏者よくいますよね。

・**スル・タスト**（sul tasto）　通常の弓の当たる位置よりも、指板のほうに近づけて演奏する。鳴りにくくなり、独特のかすれた音色になる。逆に駒に近い、あるいは駒の上を弾くのが「スル・ポンティチェッロ」（sul ponticello）で、とても刺激的なキイキイいう音になる。

・**コル・レーニョ**（col legno）　弓の毛ではなく、反対側の木の棒のほうでムリヤリ弾く。あるいは弦にぶつける。カチャカチャという不気味な音になり、幽霊の表現などに使われる。

ひとりの奏者の曲でも効果的だが、オケで多くの人数が揃ってこうした奏法を取ると、大きな音色の変化がある。楽器別人格にも深みが加わるというものだろう。

ヴィオラ――しぶく、しぶとく、「待ち」に強い

ヴィオラについて　Violaは「すみれ（ヴァイオレットの語源）」という意味なのが素敵である（知り合いに「すみれ」という名前のヴィオラ奏者がいる）。ヴァイオリンと同じ構造、演奏法の楽器だが、ヴァイオリンよりも完全五度低い。具体的には、ヴァイオリンの一番高い弦であるE線をなくし、反対側に低いC線を加えた楽器ということになる。胴体は少し大きくなり、弓は張力が必要なためか逆にヴァイオリンより短い。ハイドン時代までは宮廷楽団にヴィオラ専門の奏者はいなくて、ヴァイオリン奏者が随時持ち替えて演奏していた。今日でも両方を演奏する演奏家は少なからず存在する。また、歴史上、多くの大作曲家がこの楽器を演奏していた。バッハ、モーツァルト、ベートーヴェン、ドボルジャーク、ヒンデミットなどである。そのバッハの「ブランデンブルク協奏曲第六番」や、ブラームス初期の「セレナーデ」第二番（ヴァイオリンのないオーケストラ）などが有名。

ちなみにバッハ時代に流行した「ヴィオラ・ダモーレ」という特殊な楽器があるが、これはヴァイオリン奏者が持ち替える。また、ヴィオラ・ダ・ガンバ（「足のヴ

ィオラ」）はチェロのように構える楽器で、専門の奏者が演奏する。

音色　しぶく、深みのある、暖かい音色は、奏者に包容力、余裕、寛容といった人間的に愛すべき性格をもたらす。音量はヴァイオリンよりも一段劣り、発音もやや鈍いが、一方ではヴァイオリンよりも長い残響、太い音、大きな共鳴性などを持っている。このことは奏者をややスロースターターな、自己充足的で幸福な人間に変化させる。

音色はニュートラルというよりも、深みとしぶみ、男性的な部分を強調した性格を感じさせ、奏者もヴァイオリニストにくらべて、そうした性格を強く発揮している。一番高いA線でも、甘く、柔らかく響くという事実は、ゆったりとした、鷹揚《おうよう》な人物像をかたちづくる。

演奏感覚　ヴィオラ奏者のほとんどは、ヴァイオリンからの転向であり、その演奏感覚は少なくとも当初においては、ことごとくヴァイオリンとの比較に終始する。すなわち、より大きな楽器、より短い弓、より幅の広いヴィブラート、より太い弦、より広がっている指の間隔、などである。乗用車ばかりを乗り回していた人間が、小型トラックに乗りはじめた状態を想像してほしい。人生のある時期までをヴァイオリン奏者として形成されてきた人格が、こうした変化の洗礼を受ける結果、まず強い自己主張、表現性、ヒステリックな部分などがそぎ落とされてゆき、その反面で繊細さ、スピード感、敏感さなどはしだいに失われてゆく。

かわりに現れるのは、細かいことにこだわらない風通しのよい性格であり、扱いにくい小型の楽器から大型に移ったことによる解放感、楽観性である。ヴァイオリン奏者との比較で言えば、思考、行動のさまざまな側面において、やや大ざっぱで、競争心などの少ない、温暖な性格であると言える。

合奏機能　西洋音楽の形式は、つまるところ伴奏（バス）の上にメロディがあるというかたちに集約される。したがって、ヴィオラに代表される中音内声楽器のパートは、あえて誤解をおそれず極論すれば、「なくてもなんとか済むもの」であると言える。こうしたパートにたずさわることは、どうしても必要であり、一瞬でも欠ければ音楽が成立しなくなるという、バスやメロディが担《にな》う強制的責任感から奏者を若干解放する。その作業は音楽全体に「ヴィオラが加わったとたんに音楽が素晴らしくなった！」という付加価値を与え、美しく変化させる魔術を楽しむ方向にむいていく。結果として奏者には、快楽主義的なのんびりした一面がそなわる。

また、合奏のほとんどを単調な、一構成部品として演奏し続ける現実は、奏者を気長で、忍耐強い性格に育てあげる。一方、ヴィオラにはヴィオラの非常に素晴らしい音色があり、それを期待して作曲された作品の、大いに快感を呼ぶ部分も、少なからず存在している。その事実は、奏者たちに自負を与え、ストレスをはるかに軽減せしめるのに役立っている。それがまた、ヴィオラ奏者にある種の余裕と、単調な作業のなかに起こる微妙な変化を楽しもうとする好奇心、自分の出番まで待ってやろうという役割意識を植えつける。

チェロ――包容力とバランス感覚にすぐれた、ゆらぎのない人間性

チェロについて　正式にはヴィオロンチェロ（Violoncello）と呼び、略称もそのために Vc.である。ヴィオラのちょうどオクターブ下の楽器にあたり、ヴァイオリン属の低音を担当する。大きすぎるのでアゴには挟めず（！）床に立てて演奏するが、昔は脚ではさんで楽器を保持していた。エンドピンがついたのは最近の時代になってからだという。バッハに偉大な「無伴奏チェロ組曲」があり、ドボルジャー

クに素晴らしい「チェロ協奏曲」がある。チェロだけによるアンサンブルも非常に魅力的で、よく演奏会が開かれている。

音色　しわがれ、苦《にが》く、苦しげとも言える低音域、暖かで太く、包容力を持った中音域、強い圧迫感をもって生理的にアピールする高音域。それぞれの音域は、奏者にもそれらに対応した性格を形成させてゆく。すなわち、暖かみのある、包容力に富んだ人間性、その深奥部にあって人間に陰影をつけ加え、奥行きと理解しがたさを感じさせるデモーニッシュな一面、さらには強く感情をアピールして相手の心理を揺り動かす情熱的な表現性である。それらが総括されて、きわめて個性的で、自立した、ゆらぎのない人間性へと昇華されてゆく。

演奏感覚　まず、楽器本体の大きさが注目にあたいする。ヴァイオリン、ヴィオラと音域が下がるにしたがって進んできたサイズの拡大は、チェロにいたっていっきょに数倍の大きさとなる。ヴァイオリンとヴィオラの演奏感覚の差がわずかなものであるのに対し、チェロはその両者とちがい、大きな差異を生じている。すなわち、

・垂直に楽器を構え

・弓も反対の方向から楽器にあてがわれ

・したがって右腕に近いほうの弦が低い

などである。

つぎに注意をひくのは、床に楽器を固定するための「エンドピン」という針の存在である。チェロ奏者は毎日毎日、床板のどこかにあの太い針で穴を穿《うが》ち、自分の楽器を固定することによって、はじめて演奏が可能となるのである。この、「針を刺す」ことが業務に先行して発生するという事実は、チェリストをして外科医などと共通する、内面においてどこかサディスティックな、そして実際の日常生活においてはユーモラスでシニカルな人間像へと導く。

　チェロの大きな魅力のひとつは、ほかの楽器では大体まるめた指の中や、口の中など視覚的に認識しにくい小さな部分で起こっている演奏の実際が、聴衆からじつにはっきりと見てとれるという点に

ある。そのボウイング、指の位置、移動、ヴィブラートにいたるまで、演奏にかんする肉体的運動のすべてが、秘密なく開放されて、見られるがままとなっている。こうしたことは奏者をして、正々堂々たる、表裏のない誠実な性格へと導く。

合奏機能　チェロは万能の楽器であり、その本来の機能には非常に高いものがある。しかし、オーケストラという演奏形態においては、チェロはことのほか音色が埋もれやすい楽器であり、オーケストラのなかでまかされる多彩な役割をこなしてゆくためには、まず音量のバランスというものに最大の神経をはらわなくてはならない。

ことに、ヴィオラとコントラバスという、機能的・表出力的にはチェロに及ばない二種類の楽器の中間にあって、その両者をうまく連携《れんけい》させ、とりもってゆかねばならない。そのことはチェロ奏者に大きな技術的負担と、楽器の役割に対する諦《あきら》め、フラストレーションをもたらす。その結果、奏者は主体的参加意識から、客観的奉仕意識へとそのアイデンティティを移してゆく。いわばチェロは、その多彩な機能と中間的な音域のゆえに、奉仕する楽器の代表となってしまった感があるのである。

頼まれるとイヤと言えないお人好しであると同時に、瑣事《さじ》が苦手な人まかせの性格は、なによりも温暖で居心地のよい音域から導かれているにはちがいないが、こうした合奏機能にも起因すると推測される。

ファゴット、コントラバス等を含むすべての低音楽器に共通していることは、「旋律」にたずさわるのではなく、音楽の最深奥部にあって、一瞬ごとに深みを与える「バス」（ベース）のパートを演奏しているということである。こうしたことは、奏者をその日常においても、表面に出ることよりも、より深い部分で本質を追求する姿勢に導くものと思われる。

コントラバス——泰然自若《たいぜんじじゃく》、縁の下の巨大楽器

コントラバスについて　巨大な低音弦楽器。見た目はチェロなどとよく似ているが、調弦や胴体の形も異なっている（詳細な区別は知らない）。とはいえ、チェロと同じ楽譜をオクターブ下で演奏することで、弦楽合奏の一員となっている。そのため、チェロの最低音Cに追随するために五本目の弦を張った楽器も存在する。

弦が長く（一音の間隔が広く）運指が大変なため調弦は弦の数（三、四、五本）を含め複雑な歴史があり、ベートーヴェン時代でさえ今日とは異なっていた。モーツァルト時代には名人芸としての協奏曲が少なからず作曲されたが、その後は独奏よりもオーケストラ専門の楽器になった。珍しい独奏としてマーラーの交響曲第一

番などがある。

音色　もはや、音色として個体差を認識することが困難な音域にさしかかりつつある楽器であり、その印象はなによりも、「低い」ことに集約されるだろう。こうした深い、暗い音色はすなわち奏者を、内省的で陰影の深い人物として作り上げる。音をさらに注意深く聞くならば、その立ち上がりには若干のにぶさがあり、かけられるヴィブラートは不器用でやや音程が不安定であり、それにともなって老成した人間性が想起されるなど、ややややさしく弱々しい楽器像が浮かびあがる。

これらのことは、どこか奏者に年齢不詳の、奇妙な落ちつきと、もの静かな印象とをつけ加える。

演奏感覚　楽器はほぼ人間と等身大であり、オーケストラの楽器中、最大の部類に入る。その持ち運び、準備から演奏の実際にいたるまで、奏者は過酷な肉体的労働を強《し》いられる。ことに、非常に太くて長い弦を押さえ続ける左手の指は、例外なく偏平に変形し、奏者に強い忍耐力と若干のマゾヒスティックな傾向を植えつける。楽器の反応はにぶく、音量もけっして大きくはないため、奏者は、そのままでは常にフラストレーションと、解放されない自我を抱えて生きることになる。

合奏機能　しかし、コントラバス奏者の達観した人間性、自由な精神を支え、発現させているのが、オーケストラにおけるその合奏機能の重要性である。コントラバスがなければ、いっさいのオーケストラは成り立たない。メロディ楽器は、合奏においてみずからをアピールするために共演者を求めるが、コントラバスは完全に「求められる」だけという受動的な立場にあり、逆に言えば、他者との関係においては「与えるのみ、なにも受けず」という、最も優位に立った存在と言えるのである。コントラバスの演奏の快感は、かかってこの「みずからの音によって他者の音がいくえにも価値を増大する」という点にある。こうした圧倒的優位というものは、奏者をして自己アピール、競争、独善などとは無縁の、きわめて余裕のある、健全で、誠実で楽観的な精神状態に導く。上でいくら騒いでも、おれがいなければなにもできまい、という世界

観は、オーケストラのなかで最も自立した、興味深い、愛される人間像をもたらすのである。

吹奏楽のコントラバス すべての楽団ではないが、コントラバスを備える吹奏楽が増えてきた。前述のようにテューバにあまりにも苛酷な労働が集中していることにも理由があると思うが、実際聴いてみると「弦バス」（吹奏楽での言い方）の参加している効果は想像よりずっと大きく、ことに弱音のアンサンブルでは全体の音がとても美しくなる。ただ、練習のしかたや演奏法が全く管楽器とは異なるので、指導してくれる先輩・先生がいないと生徒は困ってしまうことになるだろう。また、抱えて演奏できないのでマーチングには参加できませんね。ポップスでは「エレキベース」に持ち替えていることが多いようだ。

ハープ——夢見がちな深窓の令嬢

ハープについて フランス貴族の女性はハープを習うことが決まりごとであったそうで、父親のフルートと娘のハープで結婚式を彩ったのがモーツァルトの「フルートとハープのための協奏曲」である。オーケストラ（交響楽）への参加は遅く、バレエ、オペラの分野が中心であった。くるみ割り人形の「花のワルツ」や白鳥の湖などで絢爛《けんらん》たるソロを聴くことができる。一九世紀後半のフランス音楽ではフルートとハープの組み合わせは管弦楽、室内楽でも愛好され、多くの美しい音楽が書かれた。フォーレの「シシリエンヌ」やアルルの女の「メヌエット」が有名。楽器は、ド、レ、ミと並ぶ音ごとに対応し、すべてのオクターブの音を一斉に半音上げ、下げ、戻し、の三ポジションで変化させる七つのペダルと、小指以外の八本の指でつま弾く四七本の弦（演奏前に全部自分で調律する）、というなかなか複雑な構造を持っている。

音色　発音がきわめて印象的で、それが長い時間をかけてまっすぐに減衰してゆくという、だれにでもたやすく「美」として認識される音色である。つま弾かれ、かき鳴らされる和音は、いやがうえにも幻想的な、神秘的な世界へと聴く者を誘《いざな》う。これは、専門の奏者でなくとも、だれでもが楽器そのものから引き出すことのできる、既成の美音であることにまず注目したい。

したがって奏者は、努力や忍耐によってなにものかに到達するというよりも、常に既成の幸福をあらかじめ手にしたところから発想をスタートするという、じつにノーブルで貴族的な性格を有するようになる。家柄のよいお嬢さまが、ごく当然に準備された幸福な結婚によって、その幸福な人生をまっとうすることを連想させる。

雑音のない、空想を誘うその音色は、性格からも雑多な苦悩や煩悩《ぼんのう》をとりのぞき、奏者はおしなべて素直で、夢見るような性格になってゆく。

演奏感覚　まずハープにおいて重大な問題は、その楽器の調律である。これは基本的に奏者自身がなすべき演奏の付帯的準備とされており、四七本にもおよぶ弦を奏者は演奏に先立っていちいち調律しなければならない。音楽的労働とはおよそ言えない、単純かつ微妙な作業であるが、これなしにあのハープの美しいハーモニーはありえない。こうしたことは、演奏において最大の美を発揮するために準備に最大の労力を用いるという、花火師のような計画性のある、目的意識の高い性格へと奏者を導く。絶世の美女が数時間もの時間を化粧についやし、その場に現れた瞬間に衆目《しゆうもく》を集めるさまを連想させる。

目に見える上半身の動作がきわめて優雅であるのとは対照的に、スカートの下では両足によって煩雑《はんざつ》なペダル操作がおこなわれるのも、ハープの特徴である。こうした、雑多な作業が目に見えぬ場所に集中している事実は、奏者の興味を外面的美意識とそれを維持するための内面的労働に分離させる。あくまでも上品で人当たりよく、好印象を与える性格でありながら、その内面は意外にざっくばらん、明快であることが多い。なお、こうしたことは音色の項で述べたことも含めて、すべて女性に顕著な精神的特徴であって、ハープ奏者の多くが女性であることは偶然ではない。

合奏機能　端的に言って、ハープはその音色自体がひとつの音楽的表現を強く主張し

ている楽器であるため、本当に必要な場面においてのみ登場が求められる特殊効果としての役割をになっている。これは奏者に合奏全体に対する距離感、非参加意識というものを植えつけ、どこか、よそもの的な孤独と疎外感《そがいかん》をもたらす。休止の時間の長さは、孤独と退屈とに耐える忍耐力と、気長で空想的な性格とを作り出す。

ハープはその演奏効果が、たったひとつの音だけであってもきわめて顕著であり、奏者は常にその効果について自己顕示欲の完全な充足を得ることができる。こうしたことは、ストレスの少ない、ややのんびりとした、満ち足りた人間像へと奏者を近づける。

第3章　オーケストラ周辺の人々学

オケの前後左右にはいかなる人々がいるのか

初版から長い時間の経ったこの本なので、仕事の現場でも、読んでくださった方とお目にかかることが結構あったのだが（白髪まじりの結構な年齢の方から「学生の時に読みました」などと言われると年月を感じたものであるが、最近では「中三の子どもが熱心に読んでます」などと言われることも増えてきた）、そうした機会には、指揮者は？ピアニストは？　オペラ歌手は？　どんな人たちなんですか？　という楽しい質問をいただくことが多かった。

今回の再版にあたり、長年観察してきた、そういう「オーケストラ周辺の方々」への考察も加えてみることにした。お楽しみいただければ幸いです。

指揮者——勝ち組・安心・カタルシス

N響の首席奏者として三〇年を過ごしたが、その前にはドイツのオーケストラにも在籍していた。オーケストラの楽団員という仕事柄、膨大な数の指揮者と共に人生を送ってきたことになる。外国人も日本人も、若手も老人も中堅も、天才も秀才も普通の子

（?）も、ほとんど世界中のすべての指揮者層を体験してきたと思われる。

特に、N響の指揮台に上がるような方は、それぞれ、とてつもない才能と運に恵まれて最大限に成功し、膨大な勉強と努力を重ねている特別な「偉人」ばかりであると言えるのは勿論だ。そして、指揮という仕事が、常に多くの人間に見つめられ、期待と評価の入り交じった注目を浴びている仕事だということは間違いない。

自分で音を出さないので、多少間違えても（オケが動転することはあっても）お客さんにはバレない、というのも（本人は）安心と言える。オケは大変ですが……。

何より、ほぼすべての作曲家が最高・最大の作品として作り出した大編成の管弦楽やオペラ作品を、自らの信じるように、感じるように、好きなように演奏することが許される唯一の職業が指揮者なのであって、そこには大きなカタルシスがあることは否定できない。

勝ち組・安心・カタルシス。

それが指揮者という職業に共通した人格形成のバックグランドではなかろうか。

だが、そうした指揮者が「どういう人たち」なのかを一言に表すのは簡単ではない。

指揮者はひとりひとりがあまりに個性的で、自分などの楽団員から見れば相互にホンネではなかなか会話できないほどの緊張関係であることから、共通の「楽器別人格」は総括、記述するのが難しいのである。

しかし、長年の経験から、ある人物を見たときに、もしこの方が指揮者であるならば、どんなレパートリーをどんなふうにリハーサルして、どう指揮するだろう、という空想をすることができるようになった。

特に、政治家、リーダー、先生と呼ばれる方には、指揮者との共通点が多い。指揮者が一〇〇人の人間を前に、その気持ちや音楽的志向をひとつにまとめて大きな演奏を作っていくためには、リーダーシップや理想、人望を持っていることなどは勿論《もちろん》だが、立場上言いたいことを全部は言えないとか、常に全体に配慮せねばならないという宿命を負っている。こうしたことは、とても「政治家」や「指導者（先生）」に似ているのではないかと思う。

そこで、世界の指導者たる政治家や、日本の有名政治家さん、「先生」たち、有名人が、もし指揮者であったらどうなるだろう、と空想してみることにした。

政治家としての好き嫌い、評価、実際の政策や力量などには関係がなく、あくまでその人物を指揮台に置いて、「どんな指揮者だろうか」と想像してみるというものであるので、諸事失礼の段、お詫びしておきます。

トランプ大統領

リハーサルを始める前にひとしきり長い挨拶《あいさつ》、というか演説めいたことがおこなわれそうである。演説終わりで思わず拍手してしまいそうである。背が高いので圧迫感と迫力がある。演説を終え、では、と言って振り始めるのはブルックナーの交響曲など超大作。手はほとんど動かさず、目でオーケストラ全体を追いながらゆっくりしたテンポで指揮する感じだ。アゴが前に出ている。とにかくものすごくデカい音がする。練習で外したりする奏者がいると容赦なくもう一度吹かせ、ユーモアなのか本気なのか、差別用語ギリギリの言葉でカツを入れる。大声で同じ注意を幾度も繰り返して全員が記憶するまでやめない。

なぜか、「第一交響曲」「第一楽章」「第一ヴァイオリン」が好き（「ファースト」だから）。

習近平国家主席

伏し目がちで静かな話し方。目をつむって振ることも多い。

棒は持たず、両手で小さく振る。意外に（？）繊細な表現であり、音色やレガート、ピアニシモなどの弱音にうるさい（要求が多い）。得意としているのはドボルジャーク、スメタナといった「国民楽派」の音楽で、望郷的な表現のなかに精密な配慮がある解釈である。とくに「新世界」は絶品と言われている。

プーチン大統領

ポロシャツでリハーサルに来るが、とにかく筋肉がすごいので指揮動作にキレがあり、真上から両手で振り下ろすなど、とてつもない動作もおこなって、巨大なスケールの演奏を作る。練習でもほとんどロシア語か、ロシアなまりの英語で話し、意味はわからないのだがそれがカッコいい（ここはマジだが、オケは、言葉がわからなくてもリハーサルで指揮者が言っている意味はほとんどわかるものであり、止めたタイミングや前後の流れ、話す声色、混じっているイタリア語の音楽用語から類推できてしまう）。スクリャービン、ショスタコーヴィチといったロシア巨大管弦楽のデモーニッシュな作品も得意だが、とにかくチャイコフスキーがすごいことになるので世界的に評価が高い。

安倍晋三首相

父親も巨匠指揮者だったらしい。指揮棒は三本持ってくる（「三本の矢」）。指揮台に上がると背筋が伸びて背が高く、笑顔を絶やさない印象でまず好感がある。言葉遣いも丁寧で聴き取りやすく、振り始めても、とてもくっきりした見やすい指揮をされることだろう。リハーサルで要求されることがやや説明調で「しっかりとですね。お願いをしていく」感があり、あらかじめ計画してきた音楽を現場で丁寧に実現しているという作り方。オケとしてはもう少し曖昧さや遊びを残して自由に演奏したい気もするが、出てくる音楽はまずは普通で順調なので、一定の高い評価を聴衆からも得ている堅実な指揮者と言える。

レパートリーはシューマンやウェーバーなどの初期ロマン派が得意で、知人である現代作曲家の作品の演奏は「友情に篤い人」だと感じさせるものがある。モーツァルトもそこそこよさそう。プログラミングは、古典＋現代音楽を混ぜた作り方が「アベノミックス」と言われている。

麻生太郎副総理

帽子など被って練習場に来るし、嗄《しゃが》れ声で姿勢が悪く、気難しい印象。棒の動作は小さいし、さほど親切でもなくときどきわかりにくい。目線もあまり飛んでこない。

リハーサルは即興的で、事前の計画性というよりマズいことがあったら止めて、ゆっくり、短く説明して、先に進むという感じ（オケはそっちのほうが好きである）。その説明も、何を言いたかったのかよくわからない。得意なのはとにかく渋いブラームスであり、本人は面白くもないという顔でずっと振っているがなぜか熱い演奏になる。インタビューなどで失言・無礼が多く怒っている記者もいるが、演奏中見せる笑顔が印象に残る不思議な指揮者。

菅義偉官房長官

もともと作曲家出身で、そちらの分野でも忙しいらしい。

リハでは、なぜ自分が指揮者などしているのだろうという困った顔で、小声のあいさつもそこそこに「さっさとやりましょう」的雰囲気でリハーサルが始まるだろう。指揮が手慣れていて無駄がなく、練習はいつも早く終わる。

オケのほうに何かミスやズレなどがあると、早口で「プロのみなさんにこんなことを何度も言う必要はないでしょうが、先ほどから何度もご説明申し上げている通り……」と前置きしてちょっと皮肉まじりなコメントが来る。

石破茂・元国務大臣

ヨーロッパの歌劇場でキャリアを積んだ叩き上げ。レパートリーが非常に広く、その隅々までをよく記憶しているらしい。イタリア語も堪能で、ヴェルディの大きなオペラを振らせたら国内では右に出る者がない。リハーサルは椅子に座っておこなう。穏やかな美声、小声の話し方で最初のうちはよく聞き取れないが、異常に貫禄があるのでオケは静かに待機している。

長めの棒を持ち、大きな動作でゆったりと振る。顔色はほとんど変わらないが、求めているものが非常にロマンティックなものだということがよくわかる。ワーグナー、ベートーヴェンなどもよいのだが、最も得意としているのはブルックナー。濃厚な表現で、合唱付きオラトリオなどでも名演になる。

細田博之・元官房長官

この方は実は、故・中村紘子さんのお宅でお食事をご一緒したことがあり、余興で「月光ソナタ」を弾かれたのには驚いた。

指揮者として見つめてみると、カール・ベームのような、厳格でけれん味のない巨匠に見える。身体《からだ》から離してほぼ水平に指揮棒を持ち、顔の前まで上下するだけの節約された神経質な指揮運動と、眼鏡越しに必要な奏者をじっと見つめる眼力で、リハーサルからすでに強い緊張感が漂う。ほとんど止めることなく、話すことなくリハーサルが進むが、たまに突然指揮を止め、ハスキーめの声で「ピアニシモですぞ！」などと叱《しか》る。
怖いのでよく金管がミスをする。振るのはマーラー、リヒャルト・シュトラウスなど後期ロマン派の大曲。

枝野幸男代表（立憲民主党）

（実際の）経歴は存じ上げないが、指揮者としてはアメリカ出身、もしかするとユダヤ系の高学歴タイプに見える。
コンパクトな身体で指揮は見やすく、練習は具体的で能率がよい。特定のレパートリにこだわらず、合理的な指揮法と解釈でソツがなく、なかなかスケールの大きな演奏に至るが、全体的にクールでもう少し作品に共感したい感じもする。そうした意味から、ドイツの古典的交響曲よりはショスタコービチ、バルトークなど、技術的に要求の高い二〇世紀の国際的曲目で勝負することが多い。コープランド、バーバー、アイヴスなどアメリカ作曲家のCDも作っている。

小池晃書記局長（共産党）

ホルン出身。チャイコフスキーとロシア文学研究の大家としても知られている。演奏への解釈はこうした研究の上に立脚するもので、習慣に流されず、説得力がある。反面、学術的で冷たい音楽と感じられたり、聞き慣れない外国語が使われたり、オケの気分や疲れなどにもあまり配慮してくれないようなので、時おり煙たいと思われているらしい。しかし、その圧倒的な知識・技術の前にファンの評価は高い。エルガー、ヴォーン・ウィリアムスなどの地味なイギリス音楽にも精通していてＣＤ録音が多い。

志位和夫委員長（共産党）

あまり風貌が芸術家的ではないのでオケとしては期待感がなかったのに、いざ指揮してみると実に味わいのある音楽を作り出すタイプではなかろうか。同じくロシア音楽を得意とするが、少しモダンで感覚的なプロコフィエフ、ラフマニノフなどを濃厚に演奏するのが得意そうだ。もともとはヴァイオリンの名手だったという過去も似合いそう。優しそうに見えて練習は意外と厳しい。

小池百合子東京都知事

素早く、ちゃ！　ちゃ！　と棒が動く人で、テンポ感がとてもよい。声もよく言葉も丁寧なので気持ちよくリハーサルできる。もとピアニストで著名だったのが途中から突然、指揮者に転向。せっかくオケを設立したのにすぐ辞任したりするお騒がせキャラでもある。なんでも暗譜しているし意志も強いしアイデアが豊かで能力が高いのだが、ちょっとまだオーケストラの生理に慣れていないのか、呼吸やテンポが速すぎたり、毎回テンポが違っていたり、オケが鳴り切らないうちに先に進んだりするのが玉に瑕《きず》。リハーサルでは外来語が得意で「アウフゲホーベン（「アウフヘーベン」の過去分詞形）」したりする。

橋下徹・元大阪府知事

軽装で、短髪で、スポーティな雰囲気で指揮台に駆け上がる。「はい！」と言ってすぐ振り始めるイメージ。「いいですよ～！」「もっと音ください～」「次、いきますよ～」と演奏中も号令しながらどんどん進むリハーサルが気持ちよい。過去には大阪・京都のオケで結構、楽団員と喧嘩になったこともあるという血気盛んな感じが、「カルメン」や「三角帽子」など情熱的音楽に合っている。

＊＊＊

この人を書いたついでなので、次は「先生」と呼ばれる人たちを書いてみよう。

北村晴男弁護士

橋下マエストロ指揮者のライバル（?）と目されていたオジサン。威厳があってちょっと怖い。分厚いスコアを抱えて椅子に座ってリハーサルをする。チューニングが終わってコンマスと握手してから、しばらく弦楽器の首脳と会話をしつつ、指揮台の高さや譜面の位置などを神経質に調整しておられ、なかなか始まらない。その後、これから練習する作品についてひとしきりの難しいお話が続き、管楽器などがすっかり退屈したころ、ゆったりと振り始めるという感じかな。眼鏡越しの上目遣いでしっかり見据えられながら練習するので信頼感はある。楽譜に忠実で真面目なベートーヴェンがとてもよい。

山中伸弥教授（京都大学iPS研究所）

完全に、合唱指揮者、教会音楽のオーラです。

「合唱指揮者」という名称には大きく分けてふたつの意味があり、ひとつは自分の合唱団を持って本番までを指揮するタイプ。無伴奏やピアノ伴奏のことも多いですが、オケ付きの合唱曲を指揮することもあります。こうした曲はキリスト教の宗教曲のことが多く、そのジャンルの指揮者には独特の気高さと、理想追求型のオーラをまとっています。ちょっと神父さんに近いかな？　山中先生はこのタイプかもしれない。

もうひとつの「合唱指揮者」のタイプは、「第九」など、オーケストラが演奏会として合唱のついた曲を演奏するときに、合唱の練習指導を担当する人。長く丹念な練習を重ね、本番はオケの指揮者に任せて自分は見守る、という「我が子を送り出す母親」のような気持ちになっていることでしょう。自分で試合には出ないサッカーやバレーボールなどの監督を見ていると、ちょっと似ているなと思う。

林修さん

今、日本で「先生」といえばこの人でしょうね。

ただ、ここまで説明が巧みで何でも知っている感満載の方は、少なくともオーケストラの好む指揮者ではなさそうだ。

リハ初日に指揮台に立つと、「今日は～、みなさんと、とても珍しい交響曲を練習します～、その曲というのは～」「こちら！」と、用意されたフリップを見せ、「ベルリオーズが～一八××年に作った交響曲です～」「それじゃ、音を出してってみましょう！」

というわけで珍しい、誰も知らないような曲が好きそうだ。ティンパニが迷子になっていたりすると、「今でしょ！」は書かなくてもいいか。

池上彰さん

こちらも期待される「先生」。猫背気味で、小さい動作・両手並行で軽やかに振る。脱力しているので結構いい音がするだろう。

リハでは両手で大きく演奏を止め、「みなさんの演奏、素晴らしいと思います。ただ！」「アレグロ、という言葉には、速い、という意味、これはないんですね。イタリア語で、アレグロ、なんと、アレクサンダー大王の時代から……」と、歴史を遡《さかのぼ》る解説が続く。勉強になるので是非来ていただきたい。

辺真一《ピョンジンイル》さん（コリア・レポート編集長）

早足に歩いて指揮台に。知性と情熱が漲《みなぎ》っているので、リハーサル開始直後からオーケストラが沸騰点に達するだろう。振り方は、拍を一、二、三、四！と叩いていく指揮法でブレスもそれに乗っている。早口なので、理解してついていくのが難しい場面もある。複雑な現代曲などを総括的に理解・解釈して指揮できる希有な存在として引く手あまたである。

宮本亜門さん

なぜか英語でリハーサルしている印象。機敏で、利発で、全く独自のアイデアがたくさんある面白い指揮者。指揮棒は持たない。

現代音楽の指揮が上手いほか、バロック・オペラなど特殊な分野で海外公演も多数。

秋元康さん

「(少女)合唱団の指揮者」と書くと現実と当てはまる(?)のだが、弦楽器(ヴァイオリン)出身。リハーサルではよく考えて静かに発言し、脱力して、弓の運動のように大きく指揮し、ことに弦楽器奏者に受けがよいだろう。音楽監督として楽団経営にも進出。自分の音大を作るのではないかと言われている。レパートリーが恐ろしく広く、何でも振れる。本人は意外と感傷的な音楽が好きらしい。

高須クリニック院長

ポップスで成功したコンポーザー、アレンジャーで、吹奏楽などを振っている印象。ノリのよい音楽でもマジメに振る。とにかくリハーサルに付き人が多くて、指揮者の後ろでスコアやパソコンを開いて二〇人くらいが待機していてビックリする。

西川史子さん

こちらも作曲家・アレンジャーで、指揮は専門ではない。自作の録音のときだけスタジオで指揮するタイプで、ピアノを弾いたり歌ったりしながら振ることもある。指揮動作はテンポとタイミングを示すシンプルなもの。手首がよく曲がるので、ときおりネコに見える。飲みに行くと楽しいらしい。

岡村隆史さん（ナインティナイン）

先生じゃないですが、個人的にとても素晴らしい指揮者になりそう、と思っていたので書いてみた。

会場に入ってきても、小さいし、孫悟空みたいに見えるので誰も畏怖や尊敬を抱かない無防備状態。本人は大マジメだが挨拶からあまりに堅苦しくて爆笑となる。それでもうオケはほぐれているので、すでに彼の勝利なのである。

演奏の最初から、長い棒を持って全身を使ってくっきり、ハッキリと、頭の上で両手を振り回したり踊ったり走ったりするようにして振る指揮はいつのまにか楽団を惹《ひ》き込んで、演奏が楽しくて仕方ない、という気持ちにさせてくれる。

リハではたまに演奏を止めて、突拍子もない大声で、「打楽器さあ〜〜〜ん！　打楽器さん！」と（打楽器は一番遠くに居る）呼びかけて、一呼吸おいて、「素晴らしいです！」と関西弁でにこりともせずに言う。全員がズッコケル。またしても彼の勝利。なお、相方の矢部さんはその情景をにこにこ見守っている名マネージャーである。

ソリスト（独唱、独奏者）——オリンピック級のアスリート

指揮者と楽団員の関係とは異なって、ソリストたちとは同じ演奏家としての共通点も多く、リハーサルでも打ち合わせをいろいろすることもあり、気さくな間柄と言える。

しかし演奏の内容はオーケストラの集団作業とは全く異次元のレベルで、多くの器楽ソリストはその協奏曲やソナタを暗譜して演奏しているし、そもそもそれらの曲はオーケストラのパートに比べて格段に難度が高い。

当然、楽団員とは異なった人生、人間像が展開している訳であり、そのあたりを見て

いこう。

【ピアニスト】

あらゆる音楽演奏の中でも、最も巨大な表現力、それゆえのレパートリーの広さを誇るのがピアノという楽器である。

当然、クラシック音楽の中で、全世界で最も習っている人――プロになって一生演奏していたいと考える人が多いのはピアノであろうから、ピアニストとして人生を送るのは指揮者と同等かそれ以上に狭き門だと言うことができる。

ピアノ曲の多くは本当に名曲で、聴いていても感動の嵐となることが多いが、それを他人との共演でもなく、また指揮者のように楽団をお願いして、という形でもなく、たったひとりでよく響く会場で演奏することは、人類の音楽芸術史上にあっても、最高度の快感に違いない。その反映なのか、女性ピアニストには、なんとなくゴージャスな人がときどきいる。

むろん、鍵盤でハッキリ区切られた音だけに、わずかな（弦楽器などでは多少音程がズレる程度で済む）ミスタッチも簡単に露見してしまうとか、暗譜を忘れたら完全に演奏が止まってしまうというような（指揮者よりもシビアな）プレッシャーはある。ハイリスク・ハイリターンな業種の最高峰である。

ソリスト一般に、オリンピック級の（しかも単独競技の）アスリートに共通する振り切った度胸、思い切りのよさとの共通点が感じられる。

とにかくピアノは音が多く、曲が長く、曲が多い。しかも、暗譜が前提である。オーボエのようにオケに座って譜面を前に、一個の旋律だけを吹いていればよいという呑気な（？）商売ではない。一年中、一日一〇時間以上練習しているピアニストはざらにいると思われる。このあたりもアスリートに似ている。

やはり、子どものころから恵まれた環境にあって、おそらくはグランド・ピアノを二四時間練習できるような家庭でないと、その膨大な練習量は作れなかったのではないか。よい先生につくことも重要で、経済的・人脈的にも恵まれていた人が多いことだろう。

男性ピアニストは献身的な奥様と、また女性ピアニストはその多くが非常に理解ある旦那様（多くは彼女のファン出身）と結婚しており、練習や演奏の時間を自由にやりくりしても、家事、子育てなどを充分サポートしてもらえる環境に身を置いている（だろう）。未婚であっても、お母様やスタッフが献身的に支えているケースが多い。ピアニストにはそれだけの価値があるのである。

ピアノは一生座って弾く楽器であり、また指や腕の広がり方、大きさなどが演奏に直接影響する。筋肉や骨格に知らず知らず影響を与えていると思われる。女性にも大きな方がいるし、重量級のピアニストも結構多いです。

このあたりから、指揮者＝政治家と同じように、「この人がピアニストならどんな人？」という空想を試みる。

フィギュア・スケートの選手たち

フィギュア・スケートはその軽快さや速度感、超絶技巧などから、ピアニストを連想させる選手が多い。採点のときなどにコーチやお母さん（？）がサポートしているのもピアニストみたいだ。

羽生結弦君は、ついにあのショパン国際コンクールで日本人初の優勝という快挙を遂げたショパン弾きだろう。協奏曲もショパン。軽やかにして繊細、美しい音色でピアノの詩人ショパンの名曲を鮮やかに奏で、にっこり笑うと女性ファンが卒倒する。

女子で宮原知子さんは小柄なのに超絶技巧で協奏曲の鬼。チャイコフスキー、ラフマニノフ、プロコフィエフなどの強力な協奏曲を弾き踊るさまは中国の名ピアニスト、ユジャ・ワンを思わせる。本田真凜ちゃんは、音大在学中でコンクール入賞が目立ち始めた感じ。まだレパートリーが確定していない。

引退したが浅田真央さんはモーツァルト弾きで（スケートはロシア音楽が多かったが……）、協奏曲など涙を誘いそうな、はかなく美しい音が聴こえる。

荒川静香さんは数少ないドイツ系の本格的なベートーヴェン弾きで、ソナタ全曲演奏・録音を幾度もおこなっているほか、シューマン研究もおこなっている学者でもあるだろう。

マツコ・デラックスさん

ピアニストである。メイン・レパートリーとしているのは超絶技巧で知られるリスト。ラフマニノフ。スクリャービン。大きな身体からは想像もつかない敏捷《びんしょう》性で腕と指が鍵盤上を踊り続ける。強力な音量と、思い切りのよい演奏の大迫力。インタビューも面白そうである。

突然ですが橋本マナミさん

このゴージャスにして明るい、人懐っこい雰囲気は、精密共同作業社会であるオーケストラではなく、ピアニストそのものだ（似た人を数人知ってます）。もう人気がすごいのは当然で、あの笑顔のままで弾くわけですから。意外と（?）本当に上手くて、びつくりしそう。グリーク、シューマン、ときおりブラームスの協奏曲がレパートリー。

ホリエモン（堀江貴文）さん

指が太めで、温かな音で緻密かつダイナミックな演奏をしてくれそうな気がする（指を観察したことはないので間違っていたらごめんなさい）。なにしろ男性ピアニストは希少価値で、レパートリーを深く掘り下げていく（洒落じゃない）傾向があるが、この方はとにかくベートーヴェンではなかろうか。ソナタ全集のCDを完結し、オケとは四番の協奏曲が絶品な気がする。オケや指揮者との気さくな対応も評判がよい。いずれ指揮者に転向するかも。

【ヴァイオリニスト（ソリスト）】

有名な話だが、楽器一挺で家が買えたりするほど高い。世界中に一七、一八世紀イタリアの名器の数は限られていて、やはりそうした楽器を持たないと大きなコンサート・ホールでの高度な演奏の世界水準についていくのは大変らしい。

これが人格にどう影響するのかはわからないが、まあ、値段の極端に高いものをいつも身につけていると、上品で、これまた育ちがよく、どことなく貧乏神は近寄れないムードにはなる気がする。

なお、ヴァイオリンを学ぶと、コンクールを受けてソリストになる以外に、オーディションを受けてオーケストラに入る、その中でもコンサート・マスターを目指す、室内楽もおこなうかどうか、など岐路が多い。フリーでも仕事は多いし、スタジオ・ミュージシャンの道もあり、さらにはジャズ、ポップスなどのアーチストの道もある。ベルリン・フィルのコンサート・マスターをしながら世界的ソリストでもある樫本大進さんは本当にすごいわけです。

ピアノと違い、ひとたびソリストになったらずっと立って弾く（室内楽は別）。協奏曲も立って弾くし、当然練習も立ってしている（だろう）。骨格や筋肉にも影響するかもしれない。両腕を身体から離して、左右それぞれ異なったコントロールを求められるため、腕の形から「ヴァイオリン弾きでは絶対にない人」を見分けるのは比較的たやすく、男女ともに細い人が多いイメージだ。

小泉進次郎さん

父親が著名な指揮者、というのは書かなくてもいいか。

自身はジュリアードなど名門海外音大出身、ヴァイオリンのヴィルトゥオーゾ（名手）としてコンサートマスターも務めていた俊英。現在は指揮者として活躍。振る姿がカッコいいので人気がある。モーツァルト大好き、大編成も大好き、音楽大好き！　という感じである。

宇野昌磨君

ピアニストの羽生君とともに学んだコンクール優勝者だが、こちらはヴァイオリン。モーツァルト、ベートーヴェン、ブラームスなどドイツ系のレパートリーを早くからじっくり練習している。

【緊急追記！】ピョンチャン・オリンピック金銀メダリスト

金メダルのザギトワ（ザギターヴァ）さんはヴァイオリニストの宮本笑里《えみり》さんにちょっと似た愛嬌のある方で、秋田犬をご所望というあたり、親近感も半端ない。ソリストとしてオケの前にいるのを想像すると、ヴァイオリンよりはピアニストに見える。やっぱりチャイコフスキー国際コンクール優勝とかの世界的新人だろうか。ラフマニノフの第三ピアノ協奏曲とか、とてつもない曲を平気で弾いてしまうそうだ。

「女王」メドベージェワさんは、その後日本のバラエティ番組にも出演して明るいオタクなキャラクターも披露され、天が二物も三物も惜しげもなく与えた本当の天才という印象。こちらは手足も細くてヴァイオリニストのオーラである。いきなりベルクのヴァイオリン協奏曲「ある天使の思い出に」とかを弾いて驚異的集中力を見せつけそうな気がする。

このふたりがユニットになって、一枚で良いからＣＤ（プロコフィエフのソナタなど）を作っていただけたらと願うものである。

藤井聡太七段※（※二〇一八年六月現在）

細身で繊細な容貌だが、協奏曲を弾き始めると強力に没頭してすごい音を出す。右手のボウイング（弓さばき）が超高速、かすれたような音色からグロテスクな表現まで、若手と思えない音楽そのもの。この年齢ですでに海外コンクールで優勝している。

又吉直樹さん

現代音楽で作曲もおこない、映画音楽なども作っているヴァイオリンのソリスト。大河ドラマの主題曲などに登場する。なかなか複雑でよい曲を作りそうです。非常に腰が低い。

安室奈美恵さん

この人が何の楽器なのか書いてください、というリクエストも結構多かったのですが（もちろん本当は歌手！）、クラシック音楽の世界では器楽ソリスト、それもピアノではなくヴァイオリン。高い楽器を下げて長い髪をそのままに、にこやかに練習場に入ってきただけでもうその場が全部彼女のものに！

チャイコフスキーなどの王道協奏曲や、パガニーニ、バーバー、ショスタコーヴィチ、非常にレパートリーが広く、美しいよく伸びる音は聴いていて本当に幸福。ああでも、やっぱり森麻季さんみたいなプリマ・ドンナ（ソプラノ）にも見えてきた。

戸田恵梨香さん

この追加原稿のために「日本の女優」というサイトをずっと見てみたのだが、最もヴァイオリンのソリスト的だったのがこの戸田さんと、中谷美紀さんでした。美しいだけでなく非常に強い芯が感じられないと、あの神がかったレパートリーを暗譜で演奏し続ける存在感に繋がらない。「癒し系」や「アイドル系」はちょっとヴァイオリニストのイメージではないのである。

戸田さんはレパートリーが自覚的で、シベリウス、ベルク、ベートーヴェンなどの深みのある協奏曲に挑む芸術的ソリストのイメージ。リハにはあまり着飾らずお化粧もせずにすたすたやってくる感じ。イメージにちょっと堀米ゆず子さん入っているかな。

中谷美紀さん

一方でこの方は（ご本人パリにお住まいだったこともありフランス語もご堪能）夢みるヴァイオリンのイメージがあって、往年で言えば前橋汀子《ていこ》さんのような妖艶な天才奏者だろう。なにしろ夢みるようなプロコフィエフが絶品そうで、サン＝サーンス、ラヴェルの「ツィガーヌ」なども素晴らしいと思われる。

石川佳純さん（卓球）

ピアニストにも見えますね。軽量級で可憐だが弾き始めると超絶集中力で攻めの音楽！　というギャップ萌えが人気。演奏中、トレードマークのヘアピンはどうするのか気になるところではあります。

声楽家（ソロ歌手、オペラ歌手）——お姫様から小間使いまで

オペラの世界では、ほぼ生まれつきで変更するのが難しい「声種」の違いによって、自動的に与えられる役が限られてしまうという。本人がいくら清純な姫様役がやりたくても、あるいは娼婦や蝶々さんや色気たっぷりのカルメンを演じたくても、声によっては小間使いとか魔女とか小娘役しか回ってこない人もいるし、もちろんその逆もある。生まれ持った声が運命を決めてしまう世界なのであって、ちょっと悲壮感がありますね。

まず大きくは、学校の合唱などでもご存知のように、ソプラノ、アルト、テノール、バス、という四つの音域に分かれるが、すでにこの四種の分類は、相当歌手の性格にハッキリした相違を作っている。

専門的にはさらにその中に複雑な性格・声種の分類があるという。ことにソプラノにはコロラトゥーラ、レジェロ、リリコ、スピント、ドラマティコ、ペザンテ、スーブレット、それらの複合や兼任など、声質、音域、役柄に応じて分類が多いらしい。

【ソプラノ】

オペラ界の女王であり、姫であり、プリマ・ドンナの名にふさわしい高音域の女声である。主役を張ることも多いし、もちろん美貌の人も多く、出てきただけで華がある。楽屋での振る舞いなども上品でそつがないのは、もうまるで芸能人のような「自分自身が商品」という自覚があって素敵である。

ただ勿論、こうした存在感を支えるプライドというものもお持ちであるので、失礼な接し方は避けなくてはならない。

役柄は、とにかく主役の姫、王女、貧しい娘（のちに姫、実は姫）など、とにかく姫が中心。少し甲高いとコミカルな女中、魔女、小娘など（の役）が来ることもある。

【アルト（メゾ・ソプラノ）】

アルトが主役になっているオペラは少なく、深みのある温かい声、大人の表現力で、母親、乳母、女神、王女などの脇役を歌う。「ズボン役」と言われる少年や青年の男役を歌う宝塚のような世界もある。

これらの方々が人間として深みと洞察、ユーモアと愛情（妖艶、色気）を豊かにたたえた魅力的人物であるのはみなさまにもご想像がつくと思う。

【テノール】

歌っただけで女性たちが卒倒するという男性の甘い美声の究極は、テノール歌手に集中していて、ことにプッチーニの主役アリアは有名。

しかしこうした甘い、高い声は、体調、歌い過ぎ、乾燥など、ちょっとしたことで壊してしまいやすいのも事実。当然、テノール歌手は地球の宝であって、絶対にムリをさせて声を壊すようなことをしてはならない。自分の調子よりリードが貴重なオーボエ奏者として、実に共感できるものがある。

こうした声帯防御を求められながら、役柄はまだ世間を知らない青年や王子様、という矛盾する性質は、テノール歌手に明るく楽しい会話という一面と、どこかに漂う神経質なムードを備えさせているように思われる。

【バス（バリトン）】

この二声種も相当性格が違うとのことですが、とりあえず神様、王様、ご主人様、巨人、悪役、コメディアンなどいろいろ面白いものが回ってくるのがバス（バリトン）。落ち着いた、神様的な方が多く、役柄上ひげを蓄えて貫禄のある方の多くがこの低音歌手である。趣味を極める方、グルメの多い声楽界でも特に料理の得意な方、お酒に強い方、合唱指揮など総合的作業もできる方など、人材の宝庫とも言える。

なお、バリトン歌手はバスよりやや高い音域を歌うが、コミカルな役はこの声種に集中している感があり、演技力も大きく求められている。

以上、四つの声部の声楽家たちが、どんな有名人に相当するのか、この後ご紹介しようと思うのだが、その空想の最も素晴らしい実例はモーツァルトこのかた無数に作曲されてきたオペラの中にある。

あらゆる人間のタイプが描かれてきたオペラの中で、天才作曲家たちはどの声をどんな役柄に割り当てて、どんな歌を書いてきたのか、是非お聴きになり、ご覧になっていただきたいと思うものである。オペラに触れる機会の少なかった自分も、これから楽しんでいこうと思う世界である。

●有名人による架空オペラ配役

井川遥さん

ソプラノ歌手。それも王道のリリコ（リリック・ソプラノ）か、強い声のスピント。女優さんは歌手でもある人が多いので選ぶのに苦労したが、やっとふさわしい方がいました。優しく穏やかで美しい風貌、甘いが高音でよく伸びる声、力強い役作り。本番では、楽屋に必ずオーケストラへの「差し入れ」（高級和菓子大量）が来る。

柳原可奈子さん

明らかにオペラ歌手。スープレット（小間使い）ソプラノとして演技力も歌唱力も高く、愛される存在。「魔笛」のパパゲーナ可愛いです。

小倉優子さん

この世界ではまだ若手に入る、ソプラノ歌手。レッジェロと呼ばれる声で、楽器のようにこまかなコロラトゥーラ（「色彩」の意。一六分音符などの装飾的旋律）を軽やかに歌う。リハーサル会場に来るとまず柔軟体操をしている。ちなみにモーツァルトの恋人であったアロイージアはこの技巧の超絶的名手であったが、肖像画は秋吉久美子さんにそっくりです。

大久保佳代子さん

メゾ・ソプラノ歌手。知性と機転のロッシーニの喜歌劇の主役。演技の喜劇も面白すぎてどんどん惹き込まれるが、歌い始めるとその声と技術に魅了されてすごい美人に見えてくる。

いとうあさこさん

アルト歌手。楽屋でもリハーサルでも明るくて開放的で楽しいので、いつも周りに人が絶えない。歌い始めるとあまりにも深い声に感動して身体が熱くなるほどだ。同じくアルト・メゾの鈴木砂羽さん（女優）と役どころを分ける声質で、親友らしい。飲むとふたりで泣くそうだ。

西田敏行さん

第４章「有名人による架空オーケストラ」でオケにもいらっしゃるが、ここではテノール歌手。ご本人も歌がとてもお上手でレコードまで出しておられます。英雄や王子ではなく、宗教音楽の語り手的な役が多い。

堺雅人さん

声からはテノール歌手。とにかく目の演技がすごいですよね。器楽なら、ヴァイオリンのソリストか、弦楽四重奏団の第一ヴァイオリンで（あるいはその両方で）一世を風靡している人に見える。

バナナマンさん

設楽統さんはテノール歌手。それもオペラ。イタリア語。ひょうひょうとして早足で歩き、指揮者や演出家を真剣に見つめ、自分の意見も述べ、もちろん美声で歌う。相方の日村勇紀さんも同じくテノール歌手だが、こちらはバッハの教会音楽などが専門。ドイツ語。非常に知的で繊細な歌い方。

真田広之さん

バリトン歌手である。芸術的風貌、どことなくユーモラスな目の動き、配役の幅広そうな演技力。「こうもり」のアイゼンシュタイン、「ドン・ジョヴァンニ」の主役など素敵ですね～。

大和田伸也さん

バス歌手。もう声を聞いただけでバス歌手。バス歌手は、通常話している時から床が揺れるほどの低音の太い声でなくてはなりません。今回この原稿のためにかなり幅広く日本の男性芸能人を検索してみたのですが、この方ほど声の深み、存在感、骨格、気品などでオペラのバス歌手！　と思える方はいなかった。ヒゲを生やしていらっしゃればさらにバス歌手らしいと思われます。『水戸黄門』のオペラ化希望！

阿部寛さん

イタリアが舞台の映画（『テルマエ・ロマエ』）の印象や、そしてその映画でたくさんのオペラが使われていたことや、何よりご本人がバスの美声をお持ちなのでバス歌手かとも思ったのだが、どうもイメージが少しだけ違う（固い）。ヴィオラのトゥッティ（後方で弾く人）にはときどきこういう、長身で真面目で、ちょっと不器用そうで優しい、若い奏者がいる。

合唱団——笑い声が絶えない明るい集団

オーケストラ（プロ）とアマチュア合唱団の共演は結構数多く、先方は後ろからオケをご覧になって「コンマスが素敵ね～」とか「ティンパニかっこいいわね～」とか「トロンボーンの方が優しそうね～」「オーボエ奏者の服装がヘンねえ……」とか（なぜかみんな既婚女性）ご感想をお持ちのようであるが、こちらはなかなか振り返ってイチイチ見ることもできないし、とにかく人数も多いし、手にも楽譜くらいしかお持ちでないので、まだ「合唱パート別人間学」を著すほどの個別観察が完成していない。是非指揮者としてお呼びいただけたらと願うものである。それでも、ソプラノには楽しいおばさま、アルトにはいろいろお考えのありそうなおばさまが少なからずいるという上記の声楽的分類はすでに始まっているとお見受けしております。

数少ないが日本にもプロの常設合唱団と、プロの歌手が集まって公演ごとに編成される合唱団などがある。オーケストラと同じ職業的集団演奏作業でありながら、比較してみると合唱団のほうが如実に雰囲気が明るく、休憩中などにも笑い声が絶えない印象である。これは彼らの鍛えられた美しい声が、会話や笑い声にも反映している部分があるのかもしれないし、やはりイタリア中心の声楽の世界と、ドイツ中心で発達してきた管弦楽の世界の精神風土の違いなのかもしれない。

作曲家――本当の天才のみ

現代においてクラシックのジャンルで「作曲家」を名乗る、ということは大変なことで、習得すべき過去の理論、実例の膨大さ、そこに新たなる独創を発揮することの当然の難しさを克服できるのは、本当の天才のみではないかと思われる。その知性を楽団員の立場で計るのは、巨峰の高さを麓から類推するに等しいだろう。音大などでの教授職を兼任しながら、コマーシャリズムとしては成立の難しい「象牙の塔」のような世界で生きているという部分もある。一見、一種の仙人のような、物静かな方々が多い印象であるが、語り始めると情熱的、というイメージがある。駄洒落を作品と同じペースで量産する先生などもいらっしゃる。

指揮者やピアニストとしても世界的に活躍する人も一定数おり、最近では女性の作曲家がとても増えてきた。

† この項目以降、あてはまると思われる有名人は第4章「有名人による架空オーケストラ」で

ご紹介していきます。

スタッフ（ステマネ、ライブラリアン）——裏方の主役たち

オーケストラの周辺にいる大切な人間たちは、演奏家や指揮者ばかりではない。楽団員と直接に共同作業をおこない、オーケストラが現場として成立するために、どうしても楽団員以外に必要なスタッフが二種類ある。それが、ステマネ（ステージ・マネージャー）とライブラリアンである。

【ステージ・マネージャー】

ステマネは本番の仕切りだけが仕事ではない。舞台にまつわるあらゆる仕事をする職業である。

楽器と人員の配置を指揮者と事前に相談し、必要なら会場を下見して現地スタッフ（会館の舞台・照明などの職員さん）とも打ち合わせして図面を書き、本番当日は楽団の練習場から楽器運搬車（トラック）に楽器や譜面台や楽譜、衣装を積み込んで（その指示もおこなう）ステージ・リハーサルの半日前くらいに会場入り。ひな壇、反響板、

椅子、譜面台、固定される楽器（打楽器など）、ハープ、コントラバスなど大型楽器を搬入、配置。オペラなどでオケがピットに入っているときには譜面灯、指揮台などを設置。いろんな席に座って楽員が眩しくないか、譜面が暗くないかなど照明をチェック。リハ開始前から照明や空調、椅子や譜面台、楽器スタンドの高さ角度、個別の不具合などに対応して修正、修理。指揮者と楽屋で打ち合わせて進行も確認（どこで指揮者が下がってくるか、板付き――舞台上にいる、留まること――でいるかなど）。本番ではステージ袖に待機してホール入り口やロビーのスタッフと無線（インカム）とモニターテレビでコンタクトしつつ、オケ入れ、合唱入れを時間とともに指示。指揮者が最後に出ていくのも彼（彼女）の合図によるものである。本番後には再び楽器などをトラックに積み込み、舞台を撤収し、倉庫に戻ってくる。

オケによっては固定の練習場・倉庫を持たないところもあり、毎日が設営とバラシ、運搬（搬入、搬出）に明け暮れることもある。演奏旅行中は当然毎日が暗いうちの起床から深夜の移動までの労働となる。

当然ひとりでは不可能で、ステージ・マネージャーはそのトップの存在。その下に数人のステージ・スタッフ、さらにその下にアルバイトなどのステージ・ハンド（ボーヤ）と呼ばれるメンバーがいるという。

一種の親方であり、現場監督がステマネということになる。

なお、ステマネ、ステージ・スタッフは、オーケストラに勤務する「オケ付き」と、会場（ホールなど）に勤務する「箱付き」があり、どちらの親方が現場を仕切るのかは、公演の主催者がホールか、オケかによって変わる。手下のメンバーはその指示に従うことになるという仁義があるそうだ。

服装は、仕込みのときには黒いTシャツ（独自のものを作っていることがよくある）に黒パンツ、運動靴。腰にハサミやトンカチなどの工具や養生テープ、バミリテープ（椅子などの位置を決めたらマークしておくための各色のビニールテープ）を下げている。箱付きなどで日本の芸能もやる会場では女子でも足袋に雪駄《せった》をはいていることもある（「所作台」と呼ばれる舞台は土足厳禁だそうで、そのため着脱が容易な雪駄を伝統にしているという）。

本番では演奏家に準じてスーツ姿となり、「インカム」を装着して、会場の受付やロビー、舞台上手下手などが連繫を取って行動している姿はSPのようである。

筆者を筆頭に（！）神経質でワガママな楽団員一〇〇人が気持ちよく演奏できるよう準備し、リクエストとクレームに対応し、重たい楽器やひな壇を設置、運搬し、トラックに積み込み、夜中に移動したり深夜までバラシを続ける仕事のほか、音楽的なタイミングをわきまえて聴衆の前にオケや指揮者を送り出す。まさに縁の下の力持ち。まずは忍耐強く、力持ちで、働き者で、思いやりがなくては務まりません。

そうした彼らは基本的にチームとしての結束力が強く、文字通り寝食を共にし、打ち上げなども（基本的には）楽団員とは別におこなっている。全国的にもメンバーの融通や公演旅行などもあるため各オーケストラのスタッフは相互に知り合いで、独特の社会を形成している。

なお、ステマネになるためには特別な試験などがあるわけではなく、多くは音大やアマ・オケなどで実際にオーケストラを経験しながらアルバイトとして現場に入り、次第にプロとして専業化する人が多いようである。もっともセッティングのための専門知識が必要な打楽器出身、または体育会系で上下関係に厳しい金管楽器出身などの方が多い。ピアノ科出身、声楽出身という方には会ったことがない。

【ライブラリアン（楽譜係）】

いっぽう、ライブラリアンはステマネと同じ部署で勤務するが、労働の実際は毎日がライブラリー室（楽譜倉庫）の机での、紙と小さな記号との戦い、間違いの許されない単純作業や複雑な楽譜の見比べという、緻密な集中力・根気の求められる仕事である。

ひとつのコンサートが決まると、その楽譜（指揮者用のスコア〔総譜〕とオケ全員が使うパート譜、練習用の予備楽譜）を準備する。新たに買うのか、持っている物をライブラリーから出してくるのか決定し、レンタルしかない楽譜（演奏回数の少ない作品や、著作権の生きている作品の一部は、楽譜が販売されておらず、公演ごとに有料のレンタルで使用するよう出版社が求めている）の場合にはその手続きもしなくてはならないし、著作権料も計算して支払う。同じ曲が近い日程で演奏されている場合に間違いが起きないようにする手配も必要。パート譜が揃ったら、弓（ボウイング）がつけられているか、新規につけるのか指揮者とも相談して必要ならコンサートマスターなどに依頼するか、特別な場合にはすべて書き写す（非常に大変な作業）。事前の練習、閲覧用にしかるべき位置に配置して楽員に提供し、貸し出しを管理する。練習初日前にすべての楽譜を会場に移動し、楽器（パート、プルト）ごとのファイルを確認しながらステマネの設営が終わり次第並べていく。終わったら撤収し、不足などがないか確認し、本番会場でも同じプロセスを繰り返す。レンタルの場合、楽員がおこなった練習中の鉛筆による書き込みをすべて消してから返還するという膨大な作業も待っている。指揮者や楽団員による、練習用に持ち帰りたい、譜めくりがしにくい、楽譜が小さ過ぎる、製本が壊れた、などさまざまな要望についても細やかに対応する。

本番中には、指揮者、ソリストの楽譜をステージに出しにいくのが最も華やかな時と言えるかもしれない（スコアは分厚いため、重ねて置いておくと本番中に落下する。曲ごとにライブラリアンがステージに来てスコアを取り替え、第一ページを開き、指揮棒なども確認して袖に戻る）。

とにかくインドアで、地味で、精密で、動きの少ない静的な仕事であって、動的なステマネとペアを組みながら、またアシスタントも使いながら（大きな、活発なオーケストラでは三人、四人とライブラリアンがいることもある）、間違いの許されない業務に集中する。なお、ステマネが男性の多い職場なのに対し、圧倒的に女性が多い印象である。こちらにも特別な試験はなく（海外ではおこなわれているところもある）、ステマネと同じく音楽大学やアマチュア出身が多いが、ヴァイオリンなど弦楽器出身はボウイングに詳しいため貴重な存在であり、作曲、ピアノ、指揮科出身など楽譜に精通した人が働いていることも多い。現役を退いた楽団員が経験を見込まれて担当していることもある。

【インスペクター】

なお、プロアマ問わず、オーケストラにはインスペクターという役職（？）があるが、これは楽団員の代表であることが多く、指揮者と練習スケジュールを打ち合わせたり、休憩時間になると指揮者にそれを伝えるなど、実務的に立ち回る仕事である。楽団員の中から選挙などによって選ばれるので、別に単独の仕事として存在しているわけではない。

オーケストラ周辺の二刀流――マルチ、スイッチ、掛け持ち天才

指揮とピアノは、どちらも音楽演奏芸術の最高峰であって、困難さもただごとではなく、ひとつだけでも国際的に成功できるとすればものすごい才能だと思うのだが、なんとこの両方を立派に掛け持ちする人がときどきいる。バレンボイム、エッシェンバッハ、アシュケナージなどが有名だろう。N響名誉指揮者だったサバリッシュ先生（故人）はよくピアノで室内楽や伴奏もされていた。

ピアノもお上手だが作曲（これまた大変な才能が必要である）と指揮両方で大きな業績を作り続けているのは外山雄三先生。「違いのわかる男」としてCMにまで出た故・岩城宏之先生は指揮で世界を飛び回りながらどんどん本を書かれていたとんでもない文才の持ち主で、しかも晩年には金沢に新しいオーケストラを設立して、立派なホールま

で建てて（行政を動かして）しまったのが、今ではしっかり根付いている。その岩城先生の本で紹介されていたのが、「男はつらいよ」や大河ドラマのテーマ曲などの多くの作曲からテレビ司会、冗談音楽など、何をさせても人気者という大活躍をされていた故・山本直純先生の背後にあった超本格的指揮者としての素顔。随筆はピアニストの中村紘子さんのも非常に面白かったし、ジャズ・ピアニスト山下洋輔さんの演奏とエッセイには、筆者は人生を変えるほどの多大な影響を受けている。

マンガ『のだめカンタービレ』の主人公・千秋《ちあき》真一も、指揮、ピアノ、ヴァイオリンのどれもがプロ級であった。

こうした、ふたつ以上の才能を発揮し、いずれも一流というと、やはり大リーグの大谷翔平選手を思わずにはいられないのだが、こういうマルチの天才がオケの近くにいるとしたら、居場所はどこだろう。

たまさか一度でもオーケストラに座っていたことがあるとしても、それは最も優れた演奏家であるコンサートマスター以外にはなかったであろう。

しかも、リハーサルの休憩時間などに、同僚の管楽器、弦楽器、打楽器からハープまでの全ての楽器を、それらの同僚よりもはるかに素晴らしく演奏してみせたとか、ピアノ協奏曲の独奏者が演奏中に指を痛めてしまって、その瞬間にピアノに飛び移って、そのソリストよりも素晴らしくチャイコフスキーの協奏曲を暗譜で演奏してしまったとか、同じく指揮者急病のときにリヒャルト・シュトラウスの三時間もかかる複雑なオペラを初見で振ってしまったとか、もう、逸話には事欠かないのである。しかし、それとても彼の目から見れば「当たり前」のコトだったのかもしれないではないか？

現実の音楽世界で、ここまでの掛け持ちの天才は、自分としては数人しか知らない。

●レナード・バーンスタイン　大作曲家、大ピアニスト、解説なども超一流だったばかりか、指揮者としてカラヤンと並ぶ最高峰の場所にいた。ミュージカルでも永遠の名作を残すなどカッコ良過ぎる。まさに大リーガー。

●アンドレ・プレヴィン　大作曲家であり、大ピアニストであり、ウィーン・フィルにも愛された大指揮者であり、しかもジャズ（ピアノ）の世界でも「マイ・フェア・レディ」のアルバムなど超一流、なんと俳優でもあったという。N響では指揮者としてさまざまな交響曲の最高の演奏を幾度も共演し、ご自作のオーボエ、ピアノ、ファゴットのための室内楽曲を共演できたことは一生の宝物となった。

●ハインツ・ホリガー　オーボエ奏者として世界最高峰の存在を今も続けているだけでなく、現代音楽の世界でも最も重要な作曲家のひとり。さらにピアノは、ブレンデルと連弾してしまう腕前とか。指揮も国際的キャリアを軽々とクリアーしている。

●久石譲　二〇、二一世紀の日本の音楽を代表するのはまさにこの方ではないだろうか。誰でも口ずさめる旋律をいくつも持ち、一瞬聴いただけで「あ、久石さん」とわかる音楽を書けるなんて本当にすごい。そこに「日本」や「昭和」が冷凍されているように感じる温かい懐かしさもまたすごい。この方を単独で収めるジャンルは過去には存在せず、おそらく同格の仕事をあるひとりがおこなうことも無理だろう。作曲しているだけでなく、映画監督やピアノ、指揮などでコンサート活動も世界展開しているのは周知の通り。

こうして見て来ると、モーツァルトやベートーヴェンやショパン、ブラームス、サン＝サーンス（ピアノ＋作曲）、マーラー、R・シュトラウス（作曲＋指揮）……台本から劇場の設計までしたワーグナー、音楽史は想像もつかない掛け持ち天才の連続である。最近では、若手人気実力ダントツのピアニスト、反田恭平君も指揮に乗り出したというし、オルガン、指揮の両方で大活躍する鈴木雅明さん、息子の優人さん、更に弟でチェロと指揮の鈴木秀美さんのような一家も出てきた。彼らの切り拓く新しい未来に期待したい。

第4章　有名人による架空オーケストラ

この方々におねがいしてオーケストラをつくったら……

第3章で、指揮者、オペラ歌手などに似合う人を想像して書いてきたが、いよいよオーケストラ登場である。

まず、人間を先に設定して、その人にはいったいどんな楽器がふさわしいのか、もしオーケストラに座っているとしたならば、その人の一番似合う場所はどこなのか、そんなふうに発想してみた。

たんに、結論としての楽器を並べるのではなく、オケの一員である筆者が、どのようにそれを推理していったか、その過程にこそ、楽器別人格の本質が隠されていると思うので、そのあたりも書きながら推理を重ねていった。

当然、ご登場ねがうのはどなたもご存じの有名な方ばかりである。ぱっ、と直感的に楽器と結びついた方もおられたし、消去法でだんだんに迫った方もいた。いずれにせよ、それぞれの方がその楽器を持ってオケに座っているところを想像すると、思わずニヤ、としてしまう。最も楽しく書いた原稿である。

福山雅治さん

ヴァイオリン以外には場所がない。コンサートマスターか、第一ヴァイオリンのトップサイド。イギリス留学歴あり。妹が有名なピアニスト。

西島秀俊さん
やはりヴァイオリン奏者。有名弦楽四重奏団の第二ヴァイオリンという、人類の仕事の中でも最も困難な作業に従事。

寺島しのぶさん
第二ヴァイオリン首席奏者。大きな目でしっかり指揮者を見据えながら、強い責任感を持ち、しかしどこかに余裕と音楽の楽しみを漂わせながらセクション全員を仕切っていく。
最近のプロ・オーケストラでは優秀な女性の進出は目覚ましく、はたと見渡してみるとほとんど全員が女性、というオーケストラも珍しくない。
中でも指揮をしていて最もよく目が合うのは第二ヴァイオリンの第一プルト（一番前の二人。第一ヴァイオリンは指揮者から見て真横にいるため正面にいる第二ヴァイオリンのほうが目が合う）。オーケストラ全体の中で最も合奏上の矛盾や困難が回ってくるパートであるセカンドの首席奏者にかかる重圧は大きく、この人次第で弦楽器全体の演奏価値は相当変わってしまう。女性でこのポジションにいる人はどなたも大変強い意志を感じさせる、ちょっと怖くもある存在。会社では「女性の部長」くらいの存在感でしょうか。既婚、お子様アリ。

吹石一恵さん

その寺島首席の隣で弾く、セカンド・ヴァイオリンのトップサイドである。

この方も見上げる目が大きい。性格は少し寺島さんよりも優しい感じもする。この人も指揮者をよく見ているが、それは指揮者の指示によって変更されたり追加されたりする演奏情報を、すぐに鉛筆をとって楽譜に記し（首席は先を弾き続ける）、場合によっては演奏中でも振り返って、ベテランや男性も含む後方のメンバーに急いで伝えるためである。

機敏、柔軟、出過ぎない、しかも楽器は達者、さまざまな要求を満たしつつ寺島さんに奉仕する役どころ。学校公演のとき、本番が終わってから小学生の女の子に貰った感動の手紙を大事にケースに仕舞っている。「ハッピー・コンサート」になるといいですね。

米倉涼子さん

これまた女性が増えてきたトロンボーン奏者。しかもジャズ。バイクに乗って楽器を背負って現場に来る。革ジャンとかを着ている。無口だがよく飲む。カッコいい、としか言えないので呆然と見つめるばかりである。

櫻井翔さんと嵐さん

顔の輪郭、声色、少しくぐもった話し方、鍛えた身体、冷静率直な視線など、トランペット奏者をすぐに連想する。しかも重責ある首席でしょう。ちなみに、「嵐」の仲間としては、松本君――ホルン首席（一番）、二宮君――その支えに回る二番ホルン、相葉君――トロンボーン、大野君――テューバではなかろうか。金管五重奏ができました。

春香クリスティーンさん

この人はオーボエのセカンドにいただきたい。練習はあまり好きではないが、注文すれば何でもできる才能。モッタイナイ。音楽以外にもいろいろ興味あるので、オーケストラにずっといてくれるものか心配ではある。

綾瀬はるかさん

ファゴット奏者。大きな楽器のできそうなしっかりした体格、練習熱心そうな意思力、飾り気のない素直な明るさ、ちょっとオトボケな感じなど、とても想像しやすい。

石原さとみさん

やっぱり（?）フルート。数多くのコンクールに優勝したあと、オジサンの多いオーケストラにオーディションダントツで入団してきた新人。曲のことはまだよく知らないのでときどき落ちたりしているが、音が大きいので迫力がある。

出川哲郎さん

もう髪型と体型から直感でチェロ弾きです。第二プルトかトップサイドにいて、目をしばたたきながら弾いている。インペク（インスペクター。オーケストラの代表でリハーサル時間などを指揮者と打ち合わせる係）になっていて、時間が来ると「先生、すいませえん、休憩時間お願いします〜、次一時半からです〜」と、不必要としか思えない大声で告げる。電動バイクで通勤して、練習場の電源で充電してる、って書かなくていいか。オケでとても好かれていると思いますね。

カンニング竹山さん

ここまで怒る人はオーボエ奏者だろうな。って、自分（茂木）くらいなんですけどね空調が寒いとか怒ったりしているのは。

それ以外にも自分と結構似ている気がしますよね。神経質だし理屈を言うし眼鏡だし太めだし。自分がオーボエ奏者の典型かどうかが問題ですが。

壇蜜さん

作曲家。もの静かなところが何より似合っている。オケやソリストとしてはイメージが湧かない。大きなスコアを抱えながら涼しげに練習場に入ってきて、鉛筆を片手に練習を聴き、指揮者が、「先生、いかがですか?」と質問すると、長い髪を揺らしながら指揮台にまで来て、小さな声で「あの、弦楽器のトレモロのクレッシェンドなんですけど、もっと、地球が生き物殺しちゃう、ってくらいにいただきたいんですよね」などと、ドキっとするようなコメントをおっしゃる。「殿方もお嬢様も」と聞こえたのは空耳かもしれないな。

加藤一二三さん

まあ、クラシック音楽がまあ、大好きだそうですね。まあ、ほのぼのとした感じは、まあ、ファゴット奏者かな?　とも思うのだが、まあ、いかんせんリード楽器には歯並びが、まあ、あの、悪い。まあ、あのハッキリ言ってあの、意外とピッコロ奏者ではなかろうか。

柴咲コウさん

ほんと、面白そうな人。面白がるのが好き、というのが顔に書いてある。好奇心、パワー、バイタリティ。打楽器のソリスト。マリンバを中心にクラシック、ジャズ、自作、即興、アフリカ、中国音楽などともコラボレーションして世界中を駆け回っている。

佐藤浩市さん
とにかく渋くて、無口そうで強くて誠実でカッコいい。コントラバス奏者である。しかも首席。これ以上語らねえ。

故・三國連太郎さん
その、コントラバス奏者の父親はチェロ、というのがよくあるパターンだが、直感ではホルン奏者。元首席で名物男、指揮者泣かせ。今は三番ホルンのベテラン。

新垣結衣さん
さあ困った。ここまでの人気のカワイイ人を、どの楽器にしてもほかの楽器から恨まれそうである。顔の輪郭などから何となくオーボエかなと思ったのだが自主規制。多数決(?)でヴァイオリン。オケのメンバーではなく、ソリストでしょうね。CD(写真集つき)のセールス記録を更新中。終演後のサイン会とか大変そうです。

麻生久美子さん

美貌は勿論ですがちょっと庶民的でもあり、独自の感性と知性を感じる存在感。名門アマチュア・オーケストラの第二ヴァイオリン首席。本業は女医さんでお忙しいが、子どものころから始めて、医科大学オケでもコンマスだったヴァイオリンはプロ級。プロでもいいのですが、女医さんにしたくてこっちにしました。

安住紳一郎さん

静かに面白い、気配りのすごい、全くの天才。フルート首席奏者以外には考えられない。オーボエと音程がものすごく合わせやすそうで、リハ中の会話も楽しく、助かります。

故・大杉蓮さん
コントラバス奏者。マニアック、面白い、熟慮型。
（＊この原稿執筆後に急逝されました。ご冥福をお祈りいたします。）

宮根誠司さん
関西のオケの、名物ステマネ（ステージ・マネージャー）かもしれない。
舞台設営のときには雪駄ばきとなり、照明や舞台スタッフに大声で指示を出す。本番中は下手《しもて》の袖に控え、オケや指揮者の出入りを指示。すべてがコテコテの関西弁でおこなわれまんねん。

桐谷美玲さん
オケにいてくださる（なぜ敬語？）としたら、打楽器、それも鍵盤打楽器のエキストラでしょうか。グロッケンシュピール（鉄琴）や木琴。またはチェレスタ（鍵盤鉄琴）。音も姿もキラキラしてる。

梅沢富美男さん

第一ヴァイオリンの後ろのほう（「ひな壇」と呼ぶ段に乗っている）で、ときどき立ち上がって弓で前の人の譜面を差して大声で文句を言っているベテラン。

有吉弘行さん

クラリネット。どことなく甘い声、世の中の見方が少し変わっているところ、服装にうるさそうな感じ、孤独そうなところ。オケではなく珍しいソリストかもしれない。共演すると、音程で叱られたりするのでちょっと怖い。

向井理さん

ドラマ（「のだめカンタービレ」）ではチェロ奏者でしたが、イメージとしてはもう少し笑顔の見えるヴィオラ奏者に近い。若くしての首席奏者かその隣。

坂上忍さん

第二ヴァイオリン。ベテランで、後ろのほうでお目付的に弾いている。オケには結構きちんとした服装で来て、ほとんど何も言わない。組合の委員会などで現状への問題点をスルドク指摘している。新人が同じプルトになると最初はビビるが、結構親切に教えてくれたりする。

平泉成さん

ハスキーな独特のお声が魅力的。チェロ奏者。首席の可能性あり。首を長く伸ばしてヴィオラの譜面台を覗き込み、ボウイングを見ながら弾いていたりする。

高田純次さん

声もいいのでこちらもバス歌手かもしれないが、過激なほどお洒落でパワフルで、内心を窺い知ることができないほどにすごく繊細そうな感じ、クラリネット奏者ではなかろうか。演劇的に考えるとスイング・ジャズのプレーヤーの役などなさっているかもしれませんが、クラシックのオケでも並外れた個性の奏者はクラリネットに多い。

役所広司さん

直感的にティンパニ奏者。演奏はとてもダイナミックだが、指揮者に質問するときとても申し訳なさそうにしている。

真矢みきさん

アルト歌手に見えるが、はまり過ぎて却下。笑。

品があって弦楽器らしいが、ヴァイオリン奏者より柔らかな人当たり、余裕の演奏技術を感じさせる、ヴィオラ首席奏者。難しい音程でセクションが苦労していると笑顔で振り向いて、甘いお声で「あきらめないで〜」は書かなくてもいいか。

このようなゴージャスな感じの女性弦楽器首席奏者は加速度的に増えていると感じられます。

松たか子さん

意志が強く男勝りなところがあるチェロ奏者。二プルト表くらいにいる。「ウイリアム・テル」序曲の音程（第三チェロにもソロがある）を、リハーサル後にいつまでもさらっている。

草野仁さん

ヴィオラ奏者。柔和で温厚。自分の室内楽演奏会を三〇年も続けている。

黒柳徹子さん

髪の毛が邪魔でオケに座っている状況が想像できない。事務局長か、別室にいる理事長かな。

北川景子さん

冷静、知的で緻密そう。ライブラリアンだろうか。現場では眼鏡をかけている。会話はどうしても地味になるのだが、楽譜のことで何か頼みにいくのが楽しみで仕方ないですよね。

波留さん

N響の事務所にそっくりなお嬢さんがいて、どうも、どっちがどっちかわからなくなっているくらいで、そのままチケット担当の事務職員さん。

木村多江さん

ちょっと大人しそうで、なぜか指がしっかりしている印象があるので、ハープ。団員でなくフリーで、ときどきエキストラに来る人。犬を飼っているそうだ。ハープは夢みる楽器だが、奏者はあまり自意識お姫様系ではなく、カラッとした人が多いのはなぜでしょうか。

水卜麻美さん

明るく楽しい、その場を華やかにするソフトな存在感。

実在の女性ホルン奏者によく似た人が３人もいるのだが、今回はあえて新しい楽器にお願いしたい。

ついに登場、ユーフォニアム奏者。しかもプロ。ユーフォニアムは小型のテューバのような楽器だが、吹奏楽のチェロに相当する万能の金管楽器。

オーケストラでは珍しい存在で定席はなく、音大出身、コンクール優勝歴のある彼女がエキストラで呼ばれてくる。「展覧会の絵」の「牛車」、「惑星」の火星など、シリアスなソロをしっかり吹いてくれるが、いつも打ち上げで罰ゲーム的伝説を残すのが楽しみであります。

劇団ひとりさん

トロンボーン奏者。高音がとても綺麗な音がしそう。

SHELLYさん

音大時代からハーフという気がしない庶民派。お蕎麦大好き。第一ヴァイオリンで元気に弾いている。オーケストラできて本当に嬉しい、という感じ。室内楽も大好きらしく、よくオケの中でアンサンブルを組んでサロン・コンサートをしている。

ダレノガレ明美さん

男らしい存在感がすごいので弦楽器でも木管でもなく、ホルン。しかも低音担当の四番ホルンで非常に手堅い。アンサンブル感覚も楽器の技術も高く、ただ、いつも機嫌がいいとは限らない。

市川海老蔵さん

極端な髪型の演奏者はオーケストラでは珍しい存在だが、時おり存在する。管楽器には少なく、やはり弦楽器の奏者。優しいヴィオラ弾きというには眼光が鋭く、首席だが、おそらくコンサート・マスター（ヴァイオリン）ではないので、チェロ、またはコントラバスの首席。とてつもない技術を持っていそうなので、人口の少ないチェロよりも、非常に尊敬されているコントラバスの首席奏者かもしれない。

イモトアヤコさん

とにかく忍耐強い人だろう。ライブラリアン（楽譜係）に違いない。いつもスコアやパート譜が山のように積まれた楽譜の部屋にいて、丁寧に、精密に楽譜をコピー、製本、指揮者のボウイング（弓順）の書き写しなど気が遠くなる作業を地道におこなっている。無理なお願いをしても、ちょっと微笑んで「そこに置いてって」と言う。趣味が海外旅行で、実はとんでもない体験をしていることなど、楽団員は誰も知らないのだ。

サンドウィッチマンさん

ツッコミの伊達さんはジャズのトランペット奏者。リー・モーガンを一生のアイドルとして研究している。バラード演奏もセクシーでカッコいい。奇行・名言が多く伝説の存在となっている。

穏やかな口調の富澤さんは銀座などの高級バーで弾いているジャズ・ギタリスト。繊細で緻密なサウンド。無口だが礼儀正しい。歌と組んだり、ボサ・ノバを弾いたりもする。酔った客が歌謡曲をリクエストしても、にっこり笑って情感たっぷりに弾いてくれるのでお店が静かになってしまうくらい上手い。ウマーベラス！　なのだ。

藤田ニコルさん

三番フルートのエキストラに来たフルートの音大生。国内コンクール二位とかのすごい才能。楽器ケースにでっかいクマがついている。

黒木メイサさん

チェロ。ただし、クラシック・オーケストラの楽団員ではなく、音大在学中からビジュアル系バンドでライブなどの活動を続け、ポップスなどでも弾くスタジオ・ミュージシャン系。

広瀬すずさん

まだオケに入る年齢ではないので、大学のサークルで吹奏楽部のトランペット。もちろん、人気者。パート・リーダーかも。お姉さんはテナー・サックス。

さかなクン

お声の様子、笑顔の様子、フルート奏者とお見受けしております。博識、上品、真面目、優しい。家庭的、レッスンも上手。子ども好きそう。楽譜の監修や講習会、国際コンファレンスや審査員。音大の教授となってオケをやめていくタイプかもしれません。

タカアンドトシさん

ジュリアード音楽院とウィーン音楽院出身。欧米か。

よく話す第一ヴァイオリンの三プルト（トシ・ツッコミ）と打楽器（大太鼓、シンバル）奏者（タカ・ボケ）という組み合わせ。

小島瑠璃子（こじるり）さん

可愛く素朴、明るく賢い、オーボエのセカンド奏者にいてほしいタイプだが、実はクラリネット首席。声の質がクラリネットなんです。深みがあって甲高くない。オーボエ奏者は空気圧高いのでハスキーが多い。

陣内智則さん

ヴィオラ。二プルト目。少しベテランの域に入ってきたが、オケ以外の音楽活動はほとんどしていないタイプ。「しんどいわあ、しんどいねん」が口癖。弾き方は真面目。

一プルトがつけたボウイングを覗き込み、「アップやめ。ダウンからやて！」と大きめの声で後ろに伝える。

ブルゾンちえみさん

ヴィオラ弾き。すごくいい音しそうで、筆者の席（オーボエ）の目の前にトラに来ている気がします。話しかけても最初はあまり話が弾まないが、飲み会では楽しい。

ケンドーコバヤシさん

声がいいので声楽（バリトン）かもしれないが、オケならオーボエ奏者。しかも首席。お仲間にお越しいただきたい。

冗談ひっきりなしに言いながら実は緊張もしている。指揮者と眼光で渡り合う。唇が厚めなので柔らかい音がします。深夜までひとりでリード作っている姿、目に浮かぶなあ……。

サバンナさん

高橋茂雄さんはトロンボーン。多分三番（バス・トロンボーン）。元気でちょっと控えめ、思いやり、友情に篤いなど。相方の八木真澄さんは体格からしても打楽器。小太鼓、大太鼓、上手そうです。

ローラさん

本心というものがわからない特殊な雰囲気、おそらく内面はとても繊細複雑だろうと思われる。単独で放つオーラが半端ない（洒落じゃない）ので、いくら探してもオーケストラの中に似合う楽器はなく、基本開放的な声楽家でもない。やっとみつけた。サクソフォーン奏者（クラシック）。女性ばかりの美女四重奏団ではアルト・サックスを担当。ときどき、「ラプソディ・イン・ブルー」のトラ（エキストラ）に来る。楽器は心底上手いし美人で目立つのだが、笑顔はなく、とても無口なまま帰ってしまう。

アンガールズさん
二人とも体格に恵まれて打楽器（大太鼓など）とコントラバスの兄弟かな。

菜々緒さん
ヴァイオリンのソリストを兼ねて室内楽、スタジオなどをマルチにおこなう奏者に、ものすごくスタイリッシュな人がときどきいて、モデルを兼任したりしている。この人はそのイメージ。「ライブ」とかもやっていて結構人気らしい。学生のころはオケにもトラ（エキストラ）に来た。

森泉さん
この人がいろんなものをＤＩＹしているのをテレビで見ていて、Ｎ響のファゴットの森田君が自宅のフローリングまで張ってしまったＤＩＹマニアだということを連想するせいか、ファゴット奏者にしか見えない。背も高いし口の感じもファゴットによさそうで、コントラファゴットも上手。

中村獅童さん

管楽器。それも金管楽器。どこまでもパワフルで男らしい。トランペットだとすると、ジャズのビッグ・バンドや吹奏楽などずっと主役にいる合奏形態。ハイトーンを吹き鳴らすビッグバンド・ジャズのトランペットが似合うなあ～。

草間彌生さん

作曲家でもあり、自作や現代音楽を演奏するピアニスト、電子楽器奏者。クリエイターにクリエイターを当て嵌めるのは凡庸な連想で恐縮だが、やはりこうしか考えられません。才能が爆発している。

＊＊＊

以上が、平成三〇年に新規に書き下ろした原稿であった。ここからは、平成三年に執筆した旧バージョンから一部再録するものである。あれから二七年という年月を経て、随分キャラクターや知名度、活動内容が変わった方もいるし、全く変わらぬ印象のまま活躍されている方もいる。あまりに古く感じる原稿もあったため、再録したのは、今日でも活躍中、しかもイメージを当時のまま維持している方に留めた。

なお、このころは小泉内閣で、旧版の表紙は小泉さんのイラストであったのが懐かしい。

山崎　努さん

背が高い。声もかなり低いから低音楽器ではないか。とはいえ目つき、身のこなしに隙《すき》がない。とぼけた感じ、というのではないからファゴットはちがう。豪放、という感じではないからトロンボーンは似合わない。やせているので、テューバもちがうだろう。チェロだろうか。しかし、包容力もあるセクシーな自己主張、というのとはちょっとちがう気もする。もうすこし世間を外から見ている感じ。口もとにはユーモアをたたえていて、話せばいろいろな趣味を持っていそうである。あまり、社交的だったり、集団生活が得意とは思えない。精神的には完全に自立していて、しぶい。

どうも、コントラバス、それも三プルトのオモテぐらいで弾いているヒト、が似合いそうだ。入団して何年もたってから、はじめて声を聞いた、なんていう楽員がいそうだ。

橋爪《はしづめ》　功《いさお》さん

ひょうひょうとしている。ファゴットも似合いそうだが、ちょっとだけ線が細い。神経質そうでもある。環境に埋没するのがうまそうだ。弦楽器か。管楽器奏者はもうちょっと、ふっくらしている。だが、あの達観、客観性、冷静さはヴァイオリンではない。

ヴィオラ奏者はもうちょっとあったかい感じだ。

チェロ。ぴったりだ。四プルトのウラにいる。ボウイングを、冷静に楽譜に書き写したりしている。管楽器がヘンなことをやっても、絶対に振り返ったりはしない。室内楽を一緒にやってみたら、ものすごく知識があった。バロック音楽なんか、定評があるんだそうだ。

ユーミンさん

どこをどうさがしても、オケのなかに彼女が座っていてサマになる場所、というのがない。管楽器の二番（ソロではない、目立ってはいけないパート）なんか吹かれたら、セクション全体から浮いてしまって、とても合奏にはならないだろう。音色も、きっと、かん高い。

弦楽器の首席奏者かとも思ったが、突如として勝手なボウイングで弾きはじめそうな不安が、あたりに濃厚に漂うだろう。だからダメ。トゥッティはもっとダメ。打楽器、ううん、近いけどちがう。打楽器奏者はもうちょっと、冷静沈着なのだ。では、あの妖《よう》艶《えん》な美しさ、濃厚な雰囲気、高い美意識をほうふつとさせる服装、スリムでタイトなスタイルが似合う場面はオケにはないのか、と思ったら、ありました。

ハープ。練習場にきても、低い声で「おはようございます」とだけ。タバコをぷかり。黒いロング丈のTシャツなんか着ている。出番とともに、カッ、と細い目を見開き、驚くほどの音量でアザヤカそのものにアルペッジョ（分散和音）を弾き、さよーならも言わずに帰ってゆく。カッコイイね。

武田鉄矢さん

もう体型からして、弦楽器はまったく相当しない。子どものころからヴァイオリンをやっていたとしたら、あんな肩幅になるわけがないのだ。では管楽器かというと、まず木管はちょっとちがう。もうすこし、べつの意味で神経質というか、弱々しいというか、そういうところが必要なのだ、笛吹きたちには。ホルン、ちがいます。理屈っぽいのは当たっているが、ホルン奏者はもっとクール。トランペットはさらにクール。トロンボーンなら合いそうだが、三本でハーモニー、というところがちょっと浮きそうだ。

もっと、インパクトの強いもの。打楽器奏者でしょうね、あのヒトは。それもティンパニなんかじゃなく、シンバル、小太鼓。貧乏ゆすりしながら小説かなんか読んで出番を待ち、「おらおらおらあ！」とばかりに、一発勝負。話しはじめると、「こんないだのビータ（演奏旅行）でさ、すんげえおもしれえこと、あったんだよね」と、止まらない。

小泉今日子さん

はきはきと明るい性格で、健康的な印象がある。独自の思想と価値観を持って、しっかり独立して生きている、という感じがする。ちょっと甘えたかわいらしさは、あくまでも彼女の自己演出、処世の武器であって、本質はもっと深い、個性的でおもしろい人なのではないか。

　そこで管楽器奏者、ということになるのだが、じつに典型的なのがフルートの、それもプロの奏者。音大でみかけるフルートの学生は、ワンピースで学校にきて、集団でお弁当を食べているような、素朴で平和な少女たちが圧倒的だ。そういうひとりなのかと思っていたら、酒も飲み、男子も叱《しか》る元気よさ。いつのまにか実力発揮、朗々たる音でオケの最高音域に鳴りわたるフルート・ソロは、そこらへんのへなへな男子ではかなわない。オーディションも堂々通過、首席奏者となっている。

　ふつうの女の子では負けてしまいそうな、木管首席同士のきびしいカケヒキ、人間関係も、そのサワヤカな「おっはよーございまっす！　ぐっどもーにんぐ！」という笑顔でしたたかにきりぬける。実力と、女性のメリットを生かした処世術をかねそなえた、才色兼備型、とでも言おうか。ヨーロッパには、このタイプ、いっぱいいます。

デューク・東郷さん

　おなじみ『ゴルゴ13』（さいとう・たかを作）の主人公、世界最高のスナイパーである。暗殺を依頼されると、いかに困難な情況でも、その超人的射撃術と、天才的な知能、鍛えぬかれた肉体で、かならず使命をまっとうする。いままでに、世界的な危機をその舞台裏でいくども回避させている。知らなかったでしょう。

キーワードは、一発で世界を変える、という点につきる。トランペットの一発も支配的だし、シンバルだって相当の影響力、とくに失敗した場合はかなりの影響力をおよぼす。しかし、なんといっても「世界を変える」ほどの力、それも本質的な力をもっているのは、ティンパニだ。ただ、タイコをふたつ並べたようでいながら、その音楽的支配力は音楽の心臓にまでたとえられる。

打つ瞬間のあらゆる力のモーメント、ベクトルが完全にマッチしなければよい音はしない楽器だけに、肉体のコントロールが天才的にうまいゴルゴなら、かならずや優秀なパウカー（ティンパニ奏者）となって、オケを無言のうちに支配してくれることだろう。イヤな指揮者がきたときには、みんなでオカネを出し合って、ちょっとお願いする、ってことも……。

山岡士郎さん

『美味《おい》しんぼ』（雁屋《かりや》哲作、花咲アキラ画）のメインキャラクターである。きびしい芸術家の父に反発しながらも、みずからもまた天才的な味覚と料理に対する深い造詣《ぞうけい》をもって父と対決を続ける。本職は新聞記者、グータラ社員ということになっているが、社主と対等に口をきいたりして、なかなか有能そうである。いつも黒の上下にネクタイをゆるめにしている。

木管楽器である。こういう、インドア的なことにとことん打ち込めるのは、弦や金管の性格ではない。身体《からだ》も中肉中背、顔も四角く、集団生活は苦手で、自己主張が強いあたり、木管の、それも首席奏者にちがいない。まあ、変わり者ということになっているし、暖かい性格とも思えない。とぼけた、というよりはキリリ、という感じだからファゴットは消える。怒りっぽいのはたしかだが感情過多、不安定というよりは、信念のヒト、内に秘めた情熱という風情《ふぜい》があるのでオーボエもなくなる。フルートのような、ひょうひょうとした、気楽な感じはまったくしない。

そう、クラリネットが山岡には最もふさわしい。だいたいは黙って仕事をしているのだが、なにかどうしても許せないことがあると、指揮者に対してでも平気でかみつく。音楽を本当によく知っていて、ほかの楽器のパートまですらすら歌ってみせたりするから、恐れられている。だいたい朝まで酒を飲んでいるので、朝イチは機嫌がわるい。ちなみに、お父さんも音楽家である。

西田敏行さん

金管かな、とも思うのだが、あてはまる楽器がない。トランペットほどあからさまな帝王ではないし、ホルンにはやや情緒不安定、トロンボーンを吹くには少し神経質すぎる。木管も、あきらかにちがう。当たるとすればオーボエだが、どうもリードを削るのはうまそうに見えない。

ということで、弦楽器なのだが、その独特のペーソス、野太さ、日常ではおそらく無口で内向的と思える性格、そして潜在的に発揮されているリーダーシップは、もしかしたらヴィオラの首席奏者あたりには、ぴったりかもしれない。

本番では髪はポマードでなでつけて、燕尾を着込んでいる。二重あごを横にひいて大きな楽器をはさみ、汗をにじませながら、大きくボウイングしてセクションを引っ張ってゆく。チェロにまけじと、音楽のうねりに合わせて大きく呼吸する音、気配が、管楽器の席にまで聞こえてくる。

タモリさん

知的で、冷静なタイプである。求められれば騒ぎもするが、本質的には大勢は嫌いで、孤独を愛するのではないだろうか。だれもがソリスト状態という、管楽器はまず似合わない。他人と競《せ》り合って前に出てゆくことが好きとは、とうてい思えないからだ。

打楽器も似合わない。体格がきゃしゃだし、一発勝負の目立ちたがりとも思えない。目立たない場所で、重要な責任を淡々とこなしてゆく仕事人、というポジションが似合う。理知的で線の細い印象は、ストレートにヴァイオリンを指向しているから、ここは第二ヴァイオリンの首席奏者、という重責をおねがいしたい。

圧倒的な練習量、弦楽器が放り込まれるさまざまに困難な場面をやすやすと分析し、即座に解決策を見いだすことで、セクションからは絶対の信頼を得ている。いかなる場面においても表情を変えるということがなく、常に冷静、沈着である。

和田アキ子さん

弦楽器ではない。あそこまでホンネでどんどんものを言ってしまう人は、ああいう同族集団にはそぐわない。打楽器でもない。感情的、情緒的すぎるからだ。管楽器にぴったりである。木管はもっと細い感じの人が多いから、金管楽器。

それもあの低い声、背の高さ、豪放な性格などは、すべてトロンボーンを指向している。そうしてみると、酒に強いこと、愛される人柄、パンチのある押し出しなど、すべてが当たって見えてくる。ただし、二番やバス・トロンボーンではない。あくまで、トップ。太く、シルキーでゆたかな音色に、ゆっくりめのヴィブラートをかけて演奏される「ボレロ」は、絶品。酒豪の多いトロンボーンの飲み会でも、いつも最後まで飲んでいることで有名。

三浦（山口）百恵《ももえ》さん

管楽器のような、はしたないことはしそうにない。やはり弦楽器だろう。しかし、あの妙な暗さ、アンニュイはなんだろうか。足を開いてチェロなんか絶対弾かないだろうし、第二ヴァイオリンも似合いそうで似合わない。となればヴィオラ。

中学三年生のときに、それまで習っていたヴァイオリンの先生が、お父さんのところにやってきて、こう言った。

「お嬢さんは、いつもは無表情なのに、G線を弾いているときにだけ、すごく幸福そうにするんですよ。ヴィオラに転向させたらどうですか」

で、異例の早期転向。無口なままではあるが、ヴィオラの深い、暗い音色は好きだったらしい。五プルト目のオモテにいたのだが、第一ヴァイオリンの三浦君と結婚して、引退しました。家庭で室内楽だけは、やっているらしい。

柄本　明さん

名前をここに書いただけでも、笑いがこみあげてくる。コントラバスでもいけそうだが、ここまで強烈な個性はやはり管楽器だろう。トロンボーンもよいかもしれないが、その意外に繊細で神経質そうな一面、外界とは一線を画《かく》した独自のテンポは、かなり濃厚にファゴットという楽器を指し示す。それも、首席ファゴットだろう。

オケではまじめ一筋の人、ということになっている。指揮者に質問するたびに、オケ全体が爆笑の渦になる朴訥《ぼくとつ》さは、しかし若干本人の計算が働いているのかもしれない。そこが木管楽器奏者の怖いところである。

星　飛雄馬さん

『巨人の星』（梶原《かじわら》一騎／川崎のぼる作）のヒーローである。ヒーローなのだが、実際に存在したとしたら、かなり手に負えないキャラクターである。まず、非常に感情的である。ライバルが貧乏だといっては泣き、勝っては泣き、ちょっと打たれたからといってすぐ雲がくれしたりする。感受性が強すぎ、情緒が不安定なのである。

ヴァイオリンでもよさそうだが、少なくともトゥッティにはむかない。チームプレーは一応できるので、やはり管楽器ということになり、そうなるともうオーボエしかないだろう。さいわい、手先は器用そうなので、リードも作れそうだし、もともとはコントロールのよい速球投手なので、せまいリードのすき間に、高速で空気を通さねばならないオーボエには、こじつけがましいが、むいている。

まあ、根はいいヤツなのだが、すぐ激昂《げっこう》する、あるいは泣くので、オケの仲間は敬遠ぎみ。唯一、二番ファゴットの伴宙太が、いつも暖かく見守ってくれている。

ちなみにいうと、花形は第一ヴァイオリンかチェロ、左門はホルン、父一徹はトランペット（軍隊で習ったそうだ）、姉明子は第二ヴァイオリン奏者が適当である。

ビートたけしさん

どの楽器でも食っていけそうであるが、どれか一つ、というとむずかしい。本当に、いろいろ考えてみたのだが、どうも結論としては、コンサートマスター以外にはありえない。非常に回転の速い頭脳、クールなプロ意識、内面に潜むサド傾向から少女趣味にいたるまでの、幅広い情緒的感覚。こうしたことは、その饒舌《じょうぜつ》さとあいまって、ヴァイオリン奏者を想起させる。そして、トゥッティイスト（合奏奏者）では絶対にありえないのは自明のところだから、どうしても首席奏者、しかも第二ヴァイオリンではない。

しかし、なによりもコンサートマスターにふさわしいのは、その、黙って立っているだけで畏怖《いふ》を感じさせるような貫禄《かんろく》、自負、醒《さ》めた客観性、透徹した人間観察が織りなすリーダーシップである。優秀なコンマスになると思う。チューニングのときに、立ち上がってオーボエを見やり、肩をぐるっとまわす光景が目に浮かぶ。

アン・シャーリーさん

『赤毛のアン』の主人公。グリーン・ゲイブルスを出て、ノヴァスコシアの大学に進んだあたりで、芸術に対して感受性の強いアンが、オーケストラに誘われたとしても不思議はない。

弦楽器奏者としては、ちょっと個性が強すぎる。夢見る性格は、金管にもむかないだろう。感情的な側面からは、オーボエに合いそうだが、自然にかこまれて育ったアンが選ぶのは、木の地肌を抱いて演奏できるファゴット。ひょうきんで、おっちょこちょいなところがある彼女には、よく似合っている。夏休みになって、ファゴットを抱えて帰ってきたアンを見て、マリラはなんと言うだろうか。

「おやまあ、そんな大きなマキの束を抱えて帰ってきて！」

ちなみに、「ファゴット」はイタリア語で薪束《まきたば》のこと。モントリオール交響楽団に、赤毛でソバカスのある女性ファゴット奏者がいるのを、テレビで見たような見なかったような、あいまいな記憶があるのだが、もしかしたら……。

吾輩《わがはい》は猫さん

『吾輩は猫である』の主人公。この猫は、まずたいへんに教養のある、それゆえやや理屈っぽい猫である。いかなるときも客観性を失わず、およそ感情移入というものなしに、社会を眺めておられる。こういう人物は、まずホルン奏者の典型であって、それもあきらかに三番ホルン。音域、技術的レベルは首席ホルンと同等ながら、内部にいてアンサンブルを客観視する能力が求められる。弦楽器は、三味線というヤバイものを連想するので、きらい。

蛭子能収《えびすよしかず》さん

本当に、人柄がよさそうである。あったかい、気の弱そうな、思いやりのありそうな感じである。あんまり、意志や野望が強そうには見受けられない。まずもって、管楽器のきびしい競争社会、ひとり一パート死守の責任社会では、やってゆけないだろう。打楽器なんてとんでもない。あの、トライアングル一発の前にかかる、奏者へのプレッシヤーときたら。

では、弦楽器ということになるが、ヴァイオリンというほど敏捷《びんしょう》ではないだろうし、チェロのような強い自己主張も嫌いそう。コントラバスもよいのだが、指が痛かったり、楽器が重かったりするのはイヤそうだ。残ったのはヴィオラだが、これがぴったり。結構前のほう、二プルトのオモテあたり、ときおりはトップサイドなんかで弾いてそうだ。責任感が強く臆病《おくびょう》なので、練習はちゃんとやってくるから、評判がいい。隣が弓をまちがえているのに、あわてて自分が直しちゃったりする。カワイイ。

車　寅次郎《とらじろう》さん

映画『男はつらいよ』の主人公、フーテンの寅さんである。まず、そもそも定住をきらうという点が、オケには合わないようだが、じつはその逆である。オケというものは、じつに年がら年じゅうビータをして、全国津々浦々を回っているものだからである。集団になじまない、ストレスのない、気楽な性格から見て、ヴァイオリンはちがうだろう。競争心や、アピール欲も少ないから、木管もはずれる。度胸があるとはとても言えないから、打楽器、金管でもない。

そう、こういうヒトは、コントラバスにむいている。あんまりよいとはいえない自分の楽器はオケのトラックにあずけ、自分は弓のケースだけをぶらさげて、爪楊枝《つまようじ》をくわえ、「さあ、あしたはどこの小学校かな」などと、音楽鑑賞教室回りの仕事で、生計を立てている。五十も近いというのに、独身。飲むと、後輩に「音楽ってのは、そういうもんじゃないだろう」と、説教をするが、かならずおごってくれる。前はどこか大きなオケにいたらしいが、指揮者にケツをまくって飛び出した、というのが伝説になっている。

浦島太郎さん

この人物については、故人のことでもあり、残された数少ない情報を手がかりに、ふさわしい楽器を選んでゆくしか方法がない。

まず、本人は漁業従事者であった、という事実。地道で、忍耐のいる仕事であるが、一方で収穫があったときの喜びは、爆発的なものであろう。のべつメロディを担当している楽器、たとえば第一ヴァイオリン、トランペット、オーボエなどが、まずはずれてゆく。

つぎに、いじめられている亀《かめ》を、自分の金を払って助けてやるという行為は、ヒューマニズムと、ヒロイズムを象徴しているが、一方では不合理なことにも平気で浪費する、という経済観念のなさをも物語っている。こういうタイプが絶対に存在しないのは、ヴァイオリンとフルートである。この両者ならば、かりに少年たちを説得することはあっても、買収という行為には及ばないバランス感覚、プライドというものが発達しているはずだからである。

つぎに残されている情報は、亀の背中に乗って、竜宮城へむかった、という足跡である。これが、同時代人からの最後の消息となっている。これは、いともかんたんに職場を放棄して楽しそうなほうへむかうという、刹那《せつな》主義的行動と、頼まれるとイヤと言えないお人好しの傾向を告げている。こうしたことは、責任感を強く要求される典型的伴奏楽器、第二ヴァイオリン、ヴィオラ、ホルン、ファゴットや、ややサディスト傾向をもつチェロや、強い意志をもった打楽器奏者などが、われらが太郎君には合わないことを示している。

竜宮城での彼の行動だが、飲み、歌い、楽しく暮らしているうちに、三月もの時が流れた、とある。勧められたから断れなかった、などという生やさしい段階ではない。なんと、時間の感覚まで失ってしまっている。とんでもない酒好きの、宴会男だったのだ、われらが太郎君は。こうした史実は、しだいに太郎君をして、いくつかの楽器奏者にしぼらしめる。いわく、トロンボーン、テューバ、コントラバス。

やっと「帰る」と、へべれけ状態で言った太郎君は、陸に送りとどけられる。知人は死に絶えて、だれもいない。しかるに、ここでもし太郎君がコントラバス奏者であったなら、この孤独にもなんとか耐えることができたであろう。また、テューバ奏者であったなら、自分を襲ったこの理不尽《りふじん》な運命に対し、泣きぬれてさまようよりも先に、あの亀を波かきわけて捜しだし、ふたたび竜宮城におもむき、乙姫にその怒りをぶつけ、城を破壊し、魚をすべて焼き払い、しかるのちみずからも命を絶つ、というような、怒りに裏づけられた、エネルギッシュな行動にでたものと推察される。

しかるに、浦島君はいかなる行動をしたか。そう、賢明にして読書家たる読者諸兄ならとうにご承知のごとく、彼は浜辺で泣きくらし、あげくに、禁じられていた玉手箱を開けてまで、その孤独をいやそうとした。まことに、同情すべき、人間的、情緒的な行動をとったのである。つまり、

・第一次産業従事者⇩明るく、素朴
・感情的ヒロイズム⇩優しい性格
・経済観念の欠落⇩開放的で、ケチでない
・職場放棄⇩刹那主義
・酒豪⇩いつまでも飲んでいる
・快楽主義⇩小むずかしいことを言わない
・孤独に弱い⇩友情に篤《あつ》い
・衝動的、突発的自己解放⇩根にもたない性格

以上が、残された情報からわれわれの知り得る、浦島太郎君の性格的断片である。
結論――筆者は、以上の情報から、浦島太郎君を、「トロンボーン奏者」に最もふさわしい、と認定するものである。

志村けんさん

第一ヴァイオリンのトップサイド。髪をうしろに束ね、ものすごくおしゃれな恰好《かっこう》で仕事にくる。イギリスと中国の混血、というウワサだが真相はナゾ。高校時代からアメリカに留学していたから、ヴァイオリンはもう、もしかしたらコンマスよりもうまいのではないか、と思われる。ではなぜ、コンサートマスターにならないのか、というところに彼の人生への美意識があるわけで、あからさまにリーダーシップをとることへの照れが強い人なのだろう。

くしくも、この架空オーケストラのヴァイオリン三首脳は、すべてお笑いの人である。まことによく、筆者の精神世界を象徴していると言える。

筒井康隆《やすたか》さん

こうまでものすごい人、というものを受け入れられるポジションは、さすがのオケにも少ない。首席奏者であることはまちがいない。そして、たんなるメロディ楽器や、また逆に単純作業の続く楽器の、いずれでもないだろう。ということは、フルート、オーボエ、ヴァイオリン、トランペット、トロンボーン、打楽器、コントラバスなどははずれである。

なにしろ、表現のあらゆるレベルにおいて圧倒的な力を持つ、という印象があるから、残った中間機能楽器のなかでも、弱い音の楽器、ヴィオラ、ファゴットなども当たらない。

そうなってみると、残るのはホルンかチェロで、クールにバランスよく和音をつくる、というよりは大勢のトゥッティを従えて、半狂乱に弾きまくる、という感じが似合うから、チェロの首席奏者ではないか。ご本人はクラリネットをやっておられるので、尊重したいところだが、ジャズとちがって、オケのクラリネットは集団の裏方仕事が結構多い。退屈なさるのではないかと思う。

春風亭小朝さん

お目にかかるまではヴィオラ奏者だと思っていて、じつはこの原稿もはじめはそうなっていた。ところがファンとして直接お話しする光栄に浴してみると、芸の上でのやわらかな、おっとりした感じとはちがって、ご本人はなかなかスルドイ、頭の回転の速いお方であったので、イメージが少し変わった。

管楽器には居場所がない。集団のなかで単一の個性を売り物にするというよりも、もうすこし総合的にものごとを見る人だと思う。では弦楽器かというと、どこに座っていただいても、どうも座りが悪い。一番似合いそうなのはチェロだが、「ほかの奏者より圧倒的にうまく、退屈してしまっている」という不幸な条件がつく。

ティンパニがよさそうである。無表情に、ナナメ下を向いてチューニングし、クライマックスには身体《からだ》全体が音楽になってしまったような動作でバチを空中に一瞬とめてから、とーん、と一発。ロールをどおおおおおおおおおおおおおおおっ、どん！　指揮者と真っ向からむかいあって、いやがうえにも真剣勝負。

ここから筆者の想像は、急に小朝師匠演じる落語世界の江戸時代へとワープする。小朝師匠演じるは、太鼓を肩にかついで売り歩く江戸の町人。

隅田川花火の当日、ごった返す本所一ツ目の橋の上で、太鼓がこわれて馬上の棒振り侍（指揮者）に粗相。

「無礼者、斬《き》り捨てい！」

と言われて謝るが、許しはない。つい江戸っ子気質《かたぎ》でたんかを切って、斬り合いになる。

供侍二人を難なく倒し、棒振り侍と一騎討ちになる（BGM「ツァラトゥストラはかく語りき」）。

棒振り侍の棒が、たあっと突いてくるヤツを、バチの先でナナメに斬り落とし、懐《ふところ》におどり込んで横一文字に払った。

棒振り侍の首が、宙天高くすぽーん。

見ていた見物人が、「あがったあがったあがったあがった、たぁぁイこがやあああい！」

菊川怜《れい》さん

マリンバ、シロフォン（木琴）、グロッケンシュピールなどの「鍵盤打楽器」の奏者。町の音楽教室＋英会話教室を主宰されているお母様のもとでピアノとマリンバを四歳から習い始め、小学校一年生でもうテレビに出演して「チゴイネルワイゼン」を演奏した。芸大出身。髪振り乱す超絶技巧のリサイタルは満員。本格的な作曲もするので自作ばかりを集めたCDをリリースしたり、邦楽器と組んでオランダ公演などにもでかけている。オケは勿論《もちろん》正団員ではないのだが、「火の鳥」のシロフォン・ソロや「魔法使いの弟子」のグロッケンシュピールなどがあるときにエキストラとして呼ばれてくる。いつもひひひひ、と笑っているので会話というものが成り立たない。

鈴木京香さん

木管だろうなー。しかし、通常の四種類はすべて消える。フルートにしてはドライ感がなく、オーボエにしては神経質ではなさそうであり、ファゴットという素朴さとも違う。一番近いのはクラリネットだが、透明な客観性というよりはもう少しふっくらと、やや不安定な……サクソフォンである。それも、アルト・サクソフォン限定。「展覧会の絵」と「アルルの女」で登場。オケには定席がないので本職は都内プロ吹奏楽団の首席奏者。

小泉純一郎・元総理大臣

直感的にバス・クラリネット。オーケストラの中で、バス・クラリネットとイングリッシュホルンほど、全く他の楽器とははっきり異なる、聞き違えようのない音色を持った楽器はない。バス・クラリネットはそのなかでも渋く嗄《か》れた音色が低音域にまで届いて確信に満ち、非常に印象的。しかも楽器の外見は頭部に銀色の金属管をいただき、主体部分は黒檀に銀のメカニズムをちりばめたまっすぐな細身の円筒、最下部分にも銀の朝顔が地面直前で前上方に折り返して開くというまことにシックな仕上がりである。お声から、そして黒と銀色の交じった細身の外見からの連想だったようであるが、この楽器を初めて愛用したのが反骨の革命的音楽家ワーグナーであったことは、なんとなく象徴的。

福田康夫・元総理大臣（当時・内閣官房長官）

小泉内閣の官房長官であられる。いつも冷静、几帳面、率直、辛辣《しんらつ》、毅然《きぜん》。そこはかとなくユーモラス。筆者の隣にお越しください。オーボエの二番奏者である。リードを作るのがうまく、アンサンブルもやや不器用ながら誠実そのものでやりやすいはずだ。無口だが、三〇年以上前に巨匠の指揮者や、筆者の師匠（もと首席オーボエ奏者・故人）が言ったこと、演奏したことまでを克明に記憶している。ドボルジャークの八番第二楽章結尾のソロに「難しい……」と悩んで、「福田さん、先代はここはどうやっていましたか？」と聞くと、「難しい、とおっしゃっておられましたね」と、答える。

松田聖子さん

さあ、どうしましょう。どこにお座りいただくのがよいのか。なにしろ、「本当はどういう性格なのか」を知る手がかりというものが、ほとんどないのだ。その「スターだが、性格不明」という特徴を手がかりに居場所を探す。木管楽器はすべて外れる。ソロは来るが、木管はもうちょっと庶民なのだ。金管楽器もまだまだカリスマ性が物足りない。打楽器で暇にしているような人ではない。コンサートマスターである。オドロイタでしょう。オーディション以来、明るく、カワイイ声で「おはようございます！」と挨拶してオーボエにチューニングを求める。「こんなかわいこちゃんにコンマスが務まるはずがない」という楽員、指揮者達の第一印象をことごとく裏切って、小さな体できっちりと合図をだし、オケを仕切り、指揮者をしっかりと凝視し、左耳に楽器を押し当てるようにして「シェヘラザード」「ウィーン気質《かたぎ》」などのものすごく素晴らしいヴァイオリン・ソロを弾くさまに、いまでは評価は定着している。

イチローさん

甲高い、という第一印象がある。発せられているオーラのピッチがキーンと高く、どこまでも直線的に伸びて安定している。しかし低音域のほうにも無精ヒゲのような、かすれた声のような、テクスチュアのある音程がかすかに鳴っている。金管のような豪放開放的な人間性には見えない。弦楽器のような集団生活者でもないだろう。一、二番打者というのはいずれにせよ木管だが、フルートの華奢《きゃしゃ》、オーボエの不安定、ファゴットのおとぼけはいずれも似合わない。クラリネット奏者に違いない。この楽器の奏者には、楽器をくわえたら徹夜も辞さない練習の鬼が多い。学生時代には「甲高い」楽器ピッコロ・E♭クラリネット（非常に目立つが、音程が非常にとりにくいため難関）の鬼才と異名をとった。いまは首席。チャイコフスキー五番冒頭など聴いてみたい。オーボエとユニゾンの音程が合わなかったときにはこわそうだが、意地悪でなさそうな気もしますね。

明石家《あかしや》さんまさん

管楽器はいずれにしても、「骨格上」難しい。打楽器にいるような感じもしないではないが、もうすこし情緒的な気もするので、弦楽器奏者でしょう。第一ヴァイオリンの三プルトにいる。非常にプロ意識が高いためいかなる仕事も完璧にこなすばかりか、一日三つの仕事をはしごしてでも頼まれた仕事を断らない。いつ寝ているのかわからないほどさらってくる。室内楽の練習などは本当に真剣であり、いい加減に弾くやつを絶対許さないという迫力がある。地元のアマ・オケの指揮とコンマスもして、情熱的で有名になっているらしい。

アンパンマンさん

天才的能力（空を飛んだり、決め技の「あんパンチ」「あんキック」などができる）を持っているが、きまじめな性格であり、責任感強く、上司であり育ての親であるところのジャムおじさんの命ずるままにいつも上空をパトロールしている。ばいきんまんがおこなっている悪事に対しては、その理由や経過に対する考察をすることはほとんどないままに制裁を加えてこれを阻止することが日常である。顔が水に濡れると力が出ないなど、健康に不安なところがある。正義感、超能力、パワー、意外な繊細さ（ばてやすい）などのすべてが、トランペット奏者を指向している。それもスーパースター首席奏者。アンパンマンは顔を取り換えると復活するが、トランペット奏者は酒を飲むと元に戻るらしい。ちなみに、筆者はこのマンガの中では超絶ワガママでかわいいドキンちゃんのファンであるが、彼女は当然オーボエ奏者。彼女にかしずいて怒鳴りつけられ、ついつい悪事を働いてしまうかわいそうなばいきんまんはペーソス満点でファゴット、ドキンちゃんがあこがれているしょくぱんまんはフルート、アンパンマンを作ったのんびりジャムおじさんは実は酒呑《の》みな気がするからトロンボーン、バタコさんはクラリネット。

故・高倉健さん

小器用な木管も、集団作業の弦楽器も、リーダーシップのコンマスも、派手な金管楽器もすべて似合わない。シンバルの奏者である。じっと待ち、決意して立ち上がり、長い腕で冷静に楽器を構え、気を一点に集め、歯を食いしばり、乾坤一擲《けんこんいってき》。「おれは、新しい音楽、わかんねーんだよ」と、マーラーやショスタコーヴィチを否定している。

第5章　オーケストラ人間観察編

楽器とヒトとの不思議な関係とは

オケマンは語る「楽器とわたし」

本項目は、筆者が独自に実施したアンケートをもとにまとめた成果である。すなわち、各楽器の奏者でなければわからない、「聞いてみるもんだねえ」の楽屋裏である。なお、この節と次の楽器別適性判別クイズは、管楽器奏者にかぎられていることをご了承ください。

さて、なにかしら楽器をやっている人なら、その楽器の奏者でなくてはわからない見識、というものを持っていることを、ご理解いただけるだろう。筆者も、オーボエ奏者でなくてはわからない苦痛、苦悩、煩悩《ぼんのう》、悲哀などを（悪いことばっかりだ）、常に感じ続けているのである。こうして作り上げられた見識を、ある共通の条件のもとに比較してみよう、というわけである。

ミナサンは、まずつぎの質問に答えて、それをどこかに書き留めてほしい。そのうえで先をお読みいただきたい。

・アナタの演奏している楽器

・その楽器の得意技

・苦手な仕事
・その楽器にとって最も大きな快感をもたらしてくれる作曲家
・最も苦手な作曲家
・アンサンブルをするうえで最も相性のいいと思われる楽器（自分と同じ楽器を含む）
・最も相性の悪い楽器（特定の奏者のことではない！）
・アナタがオケのなかで最も気持ちいいと思っている楽器
・一番むずかしいと思う楽器

以上である。準備はできたであろうか。

じつは、これと同じ質問を、筆者は数か月にわたってたくさんのNHK交響楽団のメンバーに、それとなく、あるときは和やかな昼食時、またあるときは敵弾の降りそそぐ戦場のような本番直前の舞台袖《そで》、といった場所でヤワラカクあるいはハゲシク、ぶつけてきたのである。その結果が次ページの表である。まずはとくとご覧をいただきたい。そして、ご自分のものと比較してみていただきたい。

ホルン	トランペット	トロンボーン	テューバ	打楽器
グリッサンド	ほどよい音域のファンファーレ	トロンボーン同士の和声	低音の補強	一発入魂
高音域で狙った音をはずさないレガート	跳躍	速い動き	速いタンギング（舌で音を区切る技術）	連続演奏
モーツァルト、R・シュトラウス、ブルックナー、ワーグナー、マーラー	マーラー	ワーグナー	ブルックナー プロコフィエフ	ブルックナー
シューベルト	ベートーヴェン モーツァルト ハイドン ブラームス	シューマン	ドボルジャーク	ラヴェル（グロッケンシュピールなどの鍵盤）
ホルン 弦 チェロ オーボエ	ティンパニ	トロンボーン	バストロンボーン	トランペット ホルン
フルート クラリネット	合唱	フルート クラリネット	フルート	弦
ホルン	トランペット	トロンボーン	オーボエ	ティンパニ シンバル
ホルン オーボエ	ホルン オーボエ	ホルン オーボエ	ファゴット	トライアングル 鍵盤 バスドラム シンバル

	フルート	オーボエ	クラリネット	ファゴット
得意技	速い動き	カンタービレソロ	ピアニシモ	スタッカート
苦手	音をまっすぐのばす	ピアニシモ 伴奏	下向きの跳躍	合奏の中で際立つこと
快感作曲家	モーツァルト ハイドン	バッハ モーツァルト	モーツァルト	モーツァルト ブラームス
不快作曲家	ショスタコーヴィチ	シューマン	シューマン	チャイコフスキー シベリウス
相性のいい楽器	弦	フルート ファゴット	ファゴット	クラリネット
相性の悪い楽器	フルート	オーボエ同士	フルート	フルート
オケで一番キモチいいと思う楽器	オーボエ 調子いいときの自分	オーボエ	オーボエ	ホルン チェロ
オケで一番むずかしいと思う楽器	ホルン	オーボエ	ホルン	ホルン ピッコロ

得意技　まず、自己申告による得意とする技。フルートの「速い動き」だのオーボエのカンタービレなどというのは、スッと出てきた答えだが、ホルンの方々は意外に熟考されたすえに、「*グリッサンド」とお答えになった。はた目には「アトウチ」や「ノバシ」「和音づくり」なんか得意そうに見えるのだが。

トランペットの「ファンファーレ」は予想していた答えだが、これに「ほどよい音域」という条件がつくあたり、主観と客観の微妙なちがいを突いていて興味深い。

植松透《とおる》（N響打楽器奏者）は「得意技？」と聞かれて、すかさず、

「一発入魂！」

と答えた。なんら悩む選択肢《せんたくし》をもたぬあたり、さわやかな人生と言える。

＊　グリッサンド＝ホルンの場合、下の音から上向きに滑り上がるように「咆哮《ほうこう》」する特殊奏法。マーラーの「交響曲第一番」第一楽章等が有名。

苦手　フルートは「音をまっすぐのばす」のが苦手。これができないで音楽家と言えるのかとさえ思うような基本的事項だが、第1章でも触れたように、基礎をガッチリ固めるような俗なことにこだわらず、ほかの楽器にはとても真似《まね》できないスピードという高貴な世界に行ってしまえるのが、この楽器の特性。だから「まっすぐのばす」のが苦

手でも仕方がない。ちなみに、これは各楽器の苦手項目のなかで最も基礎的な事項であった。

一方クラリネットは、苦手と聞かれて、「苦手ねえ」としばらく苦しんでいた。どうもこれといって苦手なことはないらしい。重ねがさね憎たらしい楽器であるが、やっとひねりだしたのが、「下向きの跳躍」。そうかなあ、という感じで実感はない。これとて「音域によるけど」だそうで、音域によってはそれさえ得意、というわけだ。オーボエがどの音域でもピアニシモが鬼門《きもん》で、ファゴットがいつでも埋もれてしまっていることを思えば、つくづく欠点の少ない楽器である。

この点、苦手は、無条件に「跳躍です」と答えたトランペットの、いかに謙虚で人間的なことであろうか。

意外だったのは打楽器で、「連続演奏」。得意技と苦手が反語としてみごとな対照をなした唯一の楽器である。じつにさわやかな答えであると言える。とすると「ボレロ」は論外としても、ヨハン・シュトラウスのポルカなども打楽器奏者は大いに苦手としているのだろうか。

快感作曲家　ホルンを含むすべての木管奏者が、筆頭にモーツァルトをあげた。ただし、筆者だけがモーツァルトを避けて、バッハをあげている。

筆者はモーツァルトにおいては、高音域の痩《や》せ、アタックの不明瞭《ふめいりょう》に苦しむことが多く、音の高さが理想的なわりには目標到達がたやすくないオケ・パートだと思う。ただ、いいリードがあって「なんでもこい」という日に、モーツァルトを吹かせてくれれば、そりゃあ快感は最大だ。でもバッハのオブリガート（カンタータなどで歌がソロをしているときに、自分もソロ楽器となって歌とからみあうメロディ）も本当に気持ちいいですけどね。

トランペットがマーラーをあげたのは、少し意外だった。筆者はチャイコフスキーやブルックナーが出るかと思っていたのだが。トランペット奏者という人種は、とにかく「キツイ」ことが一番イヤなのであって、栃本浩規《とちもとひろき》（元・N響トランペット奏者）は「苦手」への答えに、「エンドレスのコンバットマーチ」と答えたほどなのだ。とにかくキツイパート、キツイ曲、キツイ作曲家は絶対に快感にはならないらしい。ふむふむ。テューバがいったいなにを快感にして生きているのか本当に不思議で、深海魚の食生活を観察する気分だったが、やっぱり「プロコフィエフ」などという、とんでもないものを食べていることがわかった。

不快作曲家　いきなり小出信也《こいでしんや》さん（元・N響首席フルート奏者）の答えが意外だった。ショスタコーヴィチ。オーボエにとっては、ちょっとさらえば最大の効果を発揮する、むしろ快感作曲家の部類に入るため、楽器法についてはとことん知りつくした作曲家とばかり思っていたのだ。しかしフルートにとっては、まことに吹きにくいパッセージばかりだそうで、やはり聞いてみないとわからないものである。

オーボエにおいては、自分でも結構考えた。ブルックナーもイヤな、怖いところが多いし、ドボルジャークやスメタナなどの低音もそこそこ怖い。しかし、不快というほどではないのである。とにかくキツく、そのくせ効果があがっているのかどうか、ぜんぜんわからない、という虚《むな》しさを感じさせてくれるのは、シューマンなのだ。ここではただ、シンフォニーのいくつかのものを指しているのだが。そして、シューマンのシンフォニーは、巨匠指揮者と演奏するとやはりものすごい素晴らしい体験にもなるわけで、ああ、困った。

クラリネットも同じ理由で困ったすえに、シューマンをあげた。トロンボーンにも言われているから、やっぱりシューマンは楽器法がヘタなのだろう。

ファゴットは聞いた人全員が即答で、チャイコフスキー。よほど恨んでいるらしい。つけたしが、シベリウス。ということは、苦手はやっぱり低音のソロ、ということか。

ホルンも不快作曲家が少なく、「シューベルト」という答えも、「未完成」で苦労してるんじゃないかなと、筆者が水をむけた結果である。

トランペットにおいては、時代が古くなればなるほどイヤだそうで、これは楽器の発達、変化を現代の楽器でさかのぼるためだろう。モダン・オーボエが、もっとリードの軽かった楽器を想定して作曲されたバロック時代の音楽で感じるキツさと共通している気がする。つまり、音量と機能性にたけたモダン・トランペットにとっては、小さな、柔らかい音でそっと吹かねばならないようなパートのある作曲家に、難所が多いことになる。筆頭はベートーヴェン、モーツァルト、ハイドン、そしてその様式を模しているブラームス。交響曲第二番の、フィナーレの冒頭など、イヤそうだなと思っていたが、本当にイヤだそうだ。

他楽器との相性　これは客観的な判断ではなく、あくまでそれぞれの楽器の立場から、一方的に相手を指名しているだけである。したがって、「相性がいい」と指名されたほうは、その楽器を相性の悪い楽器と思っているかもしれないわけだ。

ほぼすべての楽器から「相性の悪い楽器」に指名されてしまったのが、フルート。音程がつかみにくい、というのがその理由なのだが、なんと同じフルート仲間にまで相性が悪い、と言われている。これは筆者にとって、大いに意外。オーボエにとってフルートとのユニゾンほど気持ちのいいものはないからだ。そのフルートはさすがに不穏なムードを察して、相性のいい楽器を特定せず、「弦楽器」として逃げている。

トランペットは自分が演奏しているとき、なにがユニゾンでかぶっているか、おそらくあまり知らないのではないだろうか。オーボエなどは結構トランペットとのユニゾンの音程が合わないうえに、音量も消されて苦しんでいることが多いのだ。しかしトランペット側にはユニゾンの自覚がないものと見え、答えに困ったあげくに「合唱とは音程が合いませんねえ、そういえば」などと、とぼけたことを言ってくれる。合唱自体内部で音程が合っているとは、お世辞にも言えないことが多く、合わなくても当然だと思うのだが、ほかに思いつかないのだろう。

そのトランペットと相性がいいのは、ティンパニ。これはプロポーズ大作戦ならハートの電気がつくところ、双方からのご指名だ。だが、植松に言わせると、「あ、近い楽器がいいんですよ、座ってるとこが。弦は遠いから合わせにくい！」という、愛情のかけらもないお言葉であった。さわやかである。

オーボエは、いいほうではだれからも指名されないだろうと思っていたのだが、いろんなものと相性のいいホルンがドラフト四位で指名してくれた。悪いほうでも、意外なことに自分たち同士以外の指名はなく、思ったほど嫌われていないのか、あるいは思っているほど、みんなオーボエのことを意識しているわけではないのか。

オケで一番キモチイイと思う楽器　オーボエが最多得票である。しかしこれには、同一音域木管からの（羨望《せんぼう》ではなく）「どうせオマエは気持ちいいだろうけどな」という批判としての票があるおかげなので、喜ぶわけにもいかない。

ここで興味深いのは、自分の楽器をあげたものと、そうでないものの差である。自分の楽器が一番気持ちいいと思っているのはオーボエ、ホルン、トランペット、トロンボーン、それに打楽器。フルートの小出さんは条件つきで、「調子いいときの自分」と答えている。

一方、自分の楽器は一番気持ちいいわけではないと思っているカワイソーな楽器は、クラリネット、ファゴット、テューバ。なんだかよくわかる気がする。ただ、クラリネットを一番と思っている人ならどこかにきっといると思うが、ファゴット、テューバについてはありえず、これは共通の感慨なのだろう。ハタ目にはファゴットは息の抵抗がほどよくて発音しやすそうだし、テューバは、あの「マイスタージンガー」の前奏曲なんか、じつに気持ちよさそうなのだが。

オケで一番むずかしいと思う楽器　筆者は、こっちの質問もオーボエと答えた。自分の楽器が一番快感で、しかも一番むずかしいと思っているというのは、すなわち自分が一番エライ！　と言っているのと同じなのだ。みっともない。でもオーボエはたしかにむずかしく、ヤバイ楽器なのであります。本当です。

しかしみんなが筆頭にあげたのは、ホルン。霧生吉秀《きりゅうよしひで》さん（元・N響首席ファゴット奏者）は「ピッコロ」をあげた。長年の経験からくる、じつにスルドイ観察。たしかに、むずかしいと思う。ユニークなのは多戸幾久三《たどいくみつ》さん（元・N響首席テューバ奏者）のあげた、ファゴット。同じ低音楽器でありながら、機能が多彩であるからだろうか。

自分の楽器が一番気持ちよく、一番むずかしいと堂々と答えた大人物は、もうひとりいた。打楽器の植松。じつにさわやかである。しかし、言われてみればトライアングルから澄んだ、本当に美しい響きを叩《たた》き出すのはじつにむずかしそうだ。シンバルなんかも、バチ打ち三年、合わせ八年、ラフマのピアコン（ラフマニノフのピアノ協奏曲第二番）七〇年なんて言われるほど、ホントにむずかしいらしい。

楽器別適性判別クイズ

まずは二四八ページからの「イエス・ノー・クイズ」をやってみてほしい。イエスなら実線の、ノーなら破線の矢印を進み、到達した番号を覚えてから、それぞれの番号のページに進む。なるべくたくさんの音楽仲間、あるいはシロート仲間などと同時におこなうとよいであろう。

それでは、出発！

＊＊＊

はい。番号別に並びましたか。それでは発表いたします。そう、これは「楽器別適性判別テスト」です。ＮＡＳＡでも用いられている最新の心理学的データにもとづき作られた（ウソ）このテストで到達した楽器が、アナタに最も適していることになるわけです。

いま現在、自分で楽器を演奏している人は、当然、自分の楽器と同じ答えにならなくてはなりません。そうでない場合、不幸にしてアナタの潜在的適性は、このテストで現れた別の楽器を指向しているということであり、早い時期に転職を考えることをお勧めします。

　また、いま現在楽器と関係のない生活をしている人も、将来もしなにかの楽器をはじめるならば、ぜひこのテストで示された楽器を選ぶとよいでしょう。そうすれば無理なく、自分でも驚くほどその楽器が好きになって、上達も早いことうけあい。このテストは、そうした意味も持っているのです。

　では、それぞれの番号に到達した方に、その潜在的適性を解説してゆくことにしましょう。

[1] この番号に到達したあなたの性格的特徴は、クールでやや外見を気にする、几帳《きちょう》面《めん》なタイプです。そして、有名なもの、既存の価値観を疑いなく受け入れて、自分のものとしてしまう素直さも持っています。

　そんなあなたにピッタリなのは、**フルート**でしょう。フルートならば、あなたが嫌うような、口にものを突っ込んで妙な顔になって演奏する必要もなく、ときに応じてその場の主役になることもかんたんです。

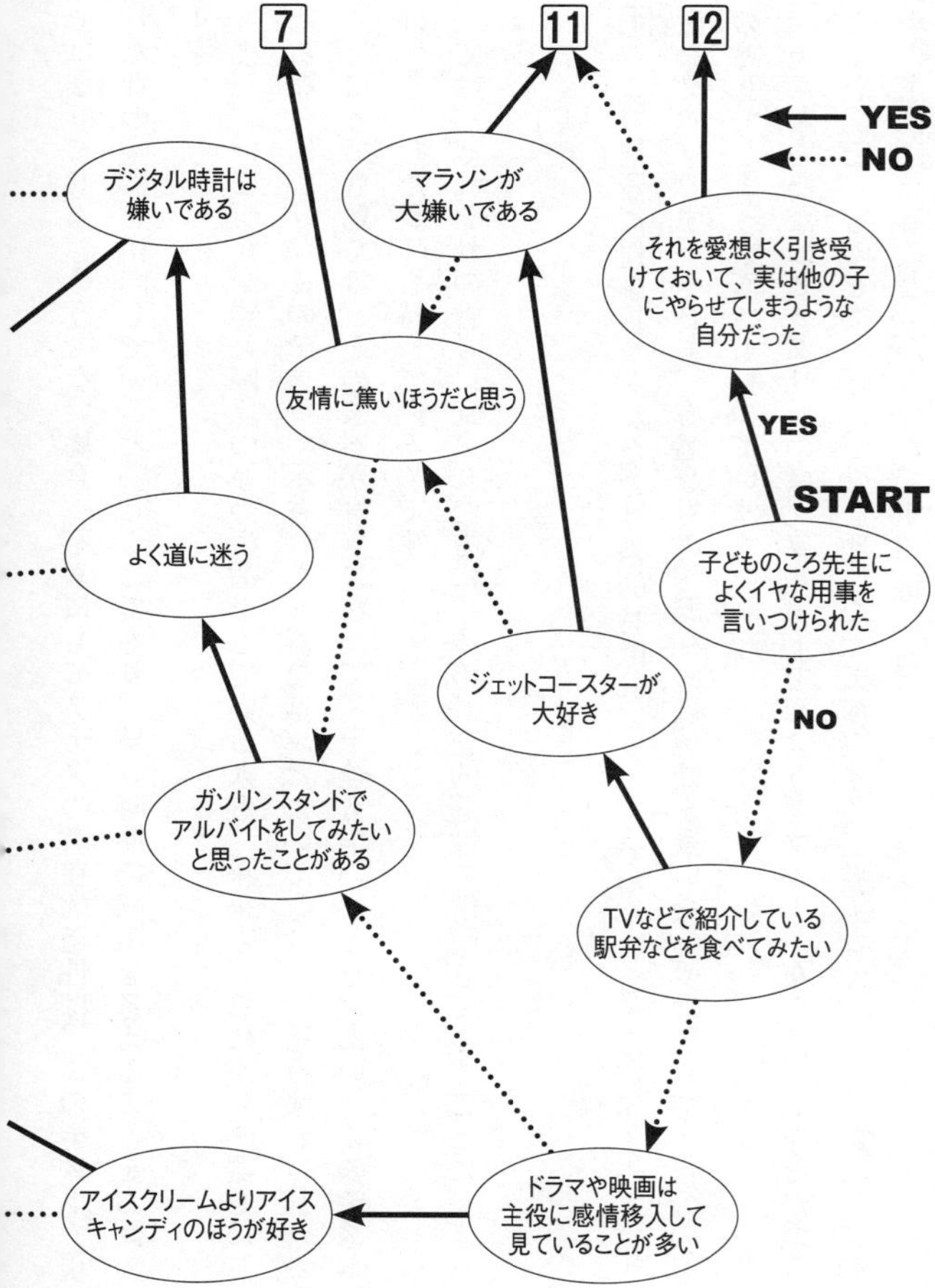

7
11
12
YES
NO
デジタル時計は嫌いである
マラソンが大嫌いである
それを愛想よく引き受けておいて、実は他の子にやらせてしまうような自分だった
友情に篤いほうだと思う
YES
START
よく道に迷う
子どものころ先生によくイヤな用事を言いつけられた
ジェットコースターが大好き
NO
ガソリンスタンドでアルバイトをしてみたいと思ったことがある
TVなどで紹介している駅弁などを食べてみたい
アイスクリームよりアイスキャンディのほうが好き
ドラマや映画は主役に感情移入して見ていることが多い

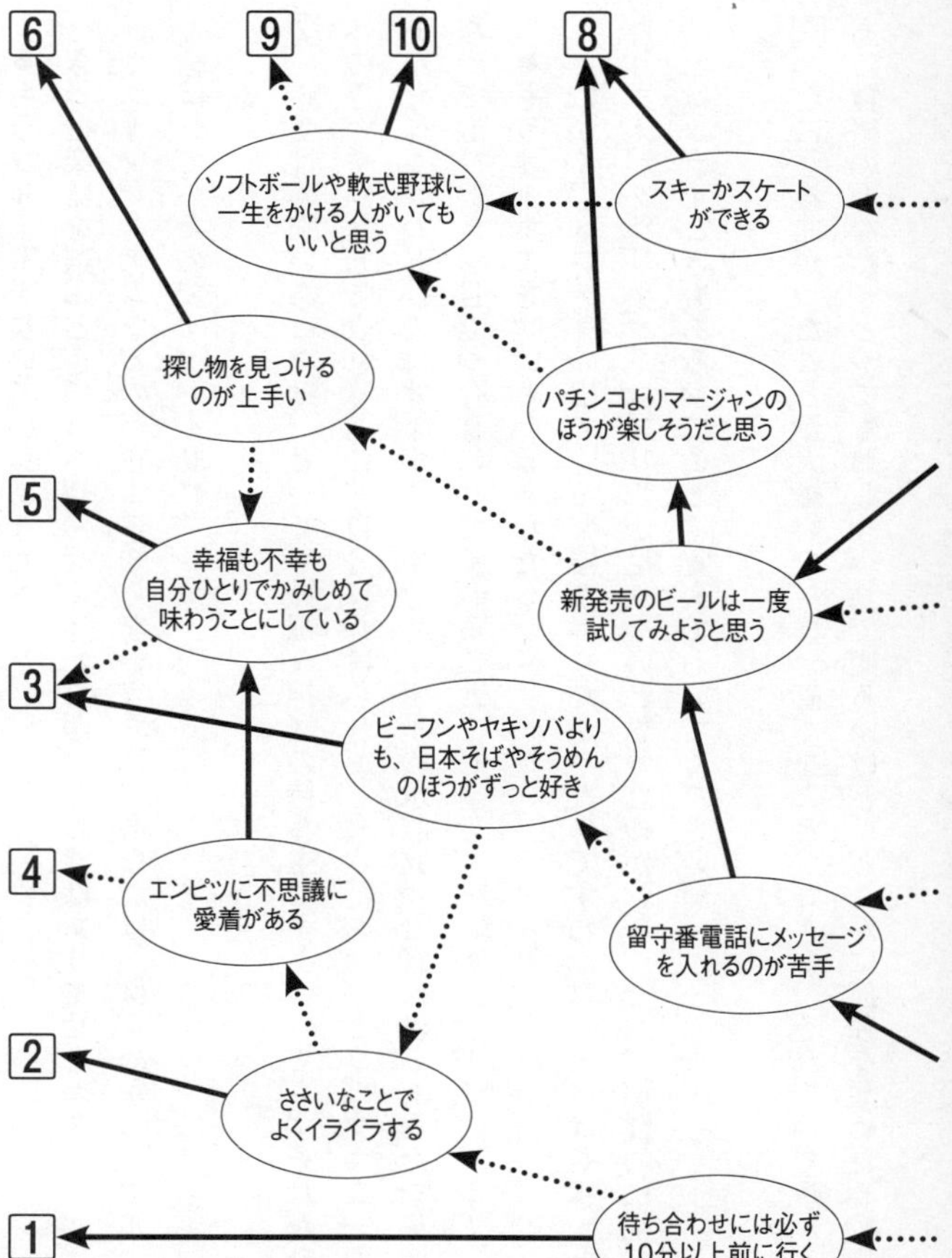
6
9
10
8
ソフトボールや軟式野球に一生をかけける人がいてもいいと思う
スキーかスケートができる
探し物を見つけるのが上手い
パチンコよりマージャンのほうが楽しそうだと思う
5
幸福も不幸も自分ひとりでかみしめて味わうことにしている
新発売のビールは一度試してみようと思う
3
ビーフンやヤキソバよりも、日本そばやそうめんのほうがずっと好き
4
エンピツに不思議議に愛着がある
留守番電話にメッセージを入れるのが苦手
2
ささいなことでよくイライラする
1
待ち合わせには必ず10分以上前に行く

●もうフルートを吹いているあなたへ

きっと楽器を選ぶときには、ぜんぜん迷わなかったのではありませんか？　ファゴットやユーフォニアムなどの存在すら知らないうちに、あなたは「はじめから」フルートと結ばれていたのです。お幸せに。

2　感受性の強いあなたは、とっても繊細な神経の持ち主ですよね。でも、それがひとへの思いやりとして表れる前に、自分にむけられてしまう、ちょっとワガママな一面も。あなたにふさわしいのはオーボエです。オーボエの水際立《みずぎわだ》った音色は、あなたを集団のなかでもひときわ目立つ存在にしてくれることでしょう。

●もうオーボエを吹いているあなたへ

とにかく、メロディの出てくる楽器がやりたかったのですね。フルートはちょっとあたりまえ、クラリネットはスリルが足りないと思ったのかしら。でも、個性的に生きることはツライときもあるってこと、覚えておいてくださいね。

3　なにしろ曲がったことが大嫌いで、真《ま》っ直《す》ぐなことが好きな、それでいて暖かみのある性格のあなた。とってもおしゃべりで明るいけど、どこかに孤独な醒《さ》めた心も抱いているオトナのあなたには、**クラリネット**がお勧めです。

●もうクラリネットを吹いているあなたへ

あなたが嫌いなのは、あの、音を震わせる「ヴィブラート」。それをかけなくてよい唯一の木管楽器であるクラリネットは、あなたにとって天の恵みといえるでしょう。木でできたもの、暖かい手触りを愛するあなたには、モダンだけれど冷たい感触のサクソフォンは似合いません。ファゴットやオーボエとの素敵な出合いがあるかも。出合い頭に正面衝突することもあったりして。でも、そうしたらあなたの得意な無限ピアニシモの技でオーボエをぎゃふん！　と言わせてあげましょうってか。ザマーミロってか。さあコロセ！　勝手にしちくりぃ！　あ、興奮して思わず『an·an』調が破壊されてしまったわ。おほほ。

4　流行に敏感で、きらりと光るものを漂わせながら、現代社会をエネルギッシュに生きる。あなたには、こんなコンセプトが似合います。古い習慣や制度にとらわれず、新しい感覚でつぎつぎと世界を広げてゆこうとするあなたには、**サクソフォン**が似合っています。全金属製で、セクシーなラインを持ったインパクトあるシルエットは、まるであなたそのものと言えるかもしれません。

●もうサクソフォンを吹いているあなたへ

あなたの運命は、ほとんどクラリネットを吹くことに定められていました。それをはね返し、未知の分野であるサクソフォンに導いたのは、あなた自身のなかに潜む強い探究心、開拓精神です。パイオニアの常として、他人からの評価をすぐには得ることはできず、悩むこともあるでしょう。

でも、まわりを見回してみてください。きっと、あなたと同じタイプの人間が、すぐそばでバリトン・サックスなどを吹いているはずです。よかったね。

5 ひとの気づかないちょっとした道端の花にも、かぎりない美しさを見出《みいだ》す。そんなあなたは、人生を最も幸福に送ることができるように生まれついた性格といえましょう。自然を愛し、人びとへの優しい心を持ち続けるあなたに、暖かさいっぱいのファゴットはいかがでしょう。けっして自分から表に出てゆくことなく、しかしあなたがいなくてはみんながいつの間にか空中分解してしまう。ファゴットは、そんなあなたのための楽器です。

●もうファゴットを吹いているあなたへ

やっと自分の楽器がきまりましたね。ホルンでもよかったし、クラリネットもサクソフォンも好きだし、オーボエもやってみたかったのではないですか。でも、それらをなんとなくあきらめていったあなた。ひとと張り合って生きてゆくのが苦手なのですね。でも、それこそがあなたの、ひとに愛される性格のもとなのです。

⑥一見《いっけん》静かなイメージのなかにも、知性の輝きを秘めたあなた。複雑な問題にも取り組んで解決に導くことのできるあなたに、うってつけなのがホルンです。ホルンはあなたの、他人には真似のできないカンの冴《さ》え、粘り強さなどを遺憾《いかん》なく発揮させてくれることでしょう。

●もうホルンを吹いているあなたへ

木管楽器でもよかったかな、などと後悔してはいませんか。もちろんあなたなら、木管で成功することもできたはず。でも、ワガママでおしゃべりな木管奏者に、あなたはついてゆけず、やがては住みにくい世界になってしまったのでは？　やはりあなたの真価を発揮するには、ホルンしかないのです。

⑦明るく勇敢で、それでいて恥ずかしがりや。そんな、ひとを引きつける魅力にあふれたあなた。どこにいてもスターの風格が漂うあなたには、もうトランペットしかあり

ません。ソロもさることながら、セクションとしての響きも大切にする、真の意味での「王」でなくてはつとまらないこの楽器。胸を張って自分の道を生きてください。

●もうトランペットを吹いているあなたへ

きっと、はじめからあなたはトランペットしか考えていなかったはずです。楽器についてあれこれ悩むこと自体、王者にはふさわしくないのですから。

8 いつもひととなにかを一緒にしていたい、そんな、協調精神の持ち主であるあなた。健康的で、はきはきした性格の持ち主であるあなたには、**トロンボーン**がよくマッチします。なめらかなスライドの動き、仲間とともに作り出すハーモニー、柔らかく、しかしストレートな音色は、夏の装《よそお》いを軽やかに演出し、さりげないニット使いのなかに一点きらっと光るセンスのよさが、あなたをパーティ、お呼ばれの主役にしてしまうかも。控え目ななかにも激しい自己主張を秘め、地味で、それでいてしっかりと派手な、おちゃめでキュートな、愛らしいフリルのノースリーブのワンピース、キュロット、スカーフの三点セットで、カレのハートをしっかりと射止めたあとは、夕暮れのレインボーブリッジを眺めるウォーターフロントのレストランで……。

●もうトロンボーンを吹いているあなたへ

うげえええ！　この文体の気持ち悪さに耐えて、書き続けていたら思わずコワレテ暴走してしまった。それにしても女性雑誌ってスゴイ（文庫版のための筆者注——この文を書いたのは平成三年頃です。時代を感じますな……）。

9　あなたは、最も強い支配力をもつ星の下に生まれました（これって星占いだったっけ）。並大抵《なみたいてい》の仕事では、あなたのほうが退屈をしてしまうでしょう。本質を鋭く見つめ、感情的にならずにたったひとりでコツコツと、自分に与えられた責任を果たしてゆくことのできる忍耐強いあなたには、テューバ以外の楽器は考えられません。

●もうテューバを吹いているあなたへ

自分でこの楽器を選んだあなたには、迷いがなかったとは言えないはず。でも演奏してみて、この楽器からしか得られない極上の快感は、あなたにぴったりのものだったと自覚したはずです。うわすべりを嫌い、あくまで自分の足で歩いてゆこうとするあなたを、まわりのみんなが頼りにしています。

10　このテストを受けたひとのなかで、最も微妙な個性をもったあなた。ときには優しく、ときにはワイルドにと、自分を演出します。でも、あなたの一番大切な性格は弱いずおかもの、見すごされがちなものへの愛。この愛をもってすれば、ほかのひとにとって容易には乗り越えられない、**ユーフォニアム**への壁も、あなたにはかんたんに通過できるはず。おめでとう。

●もうユーフォニアムを吹いているあなたへ

最後にきて、どうしてもテューバを選ぶことができませんでしたね。トロンボーンはあなたには直接的すぎたし、ホルンはなんとなくアナクロ。かん高い木管は、はじめからキライだったはずです。ユーフォニアムを選んだひとの内面には、こうして減点法で自分の人生を選んでいく残りもの主義の傾向があるのです。きっと、福が訪れます。訪れるはずです。いいやもう、訪れてますって、絶対！　訪れてればイーナー。ほーら！　オトズレテル！

11　頼まれるとイヤとは言えない、人助けのためには自分のことは犠牲にしてしまうような性分のあなた。この大都会の砂漠のなかで、たったひとりでも目標にむかってゆく強いチャレンジ精神をもった、クールなあなたにむいているのが**打楽器**です。打楽器ならば、すべては一瞬。メトロポリタンなストレスをワンショットでリフレッシュ！（注……どうしても打楽器がイヤなら、テストをもう一度やり直してみましょう）

●もう打楽器を演奏しているあなたへ

こんなお友達もいますよ。安心しましょう。

【読者からのお便り「わたしも愛用しています」】

わたしは子どものころから気が弱く、いつも学校でいじめられていました。会社に入っても営業の成績があがらず、髪も薄くなって悩む毎日でした。そんなとき、通信販売で打楽器のことを知り、さっそく応募してみたところ、すぐにシルバーに輝くスネアドラム、カッコイイ「バチ」一組、譜面台、ポリッシュ、自宅でできる教則本、プロの先生方が演奏しているCDのセットが届き、夢中になって練習しました。するとみるみるうちに自分の性格が明るくなり、字も上手になって自分に自信がつき、すぐにカワイイ彼女をつくることができました。みなさんにも、ぜひ打楽器をお勧めします。

（奈良県／匿名《とくめい》希望二四歳）

⑫ 先生に言われたイヤな仕事を愛想よく引き受けておいて、じつはそれをひとに押しつけるあなたは、たちどころに**指揮者**にむいています。どうかこのテスト全体をよく勉強して、少しでも楽団員への愛情と尊敬を養ってくださるよう、強く希望いたします。

楽器別デートマニュアル

楽器別人格については、もうイヤというほどおわかりいただけただろうか。

もし、まだ、という人がいた場合にそなえ、トドメに、とことん具体的で、だれにも興味のある方法を用いて、楽器別人格を浮き彫りにしようと思う。

すなわち、ある楽器の男性奏者が、気に入った女性をはじめてデートに誘う場合、
・どういうタイミングで
・どんな方法で
・どんなデートに
誘うだろうか、というのである。

なお、この文章については一切の現地取材を省略し、筆者の勝手な想像で書いた。したがって実在する人物とも関係はないのでご安心ください、じゃなかった、悪《あ》しからずご了承ください。

フルート奏者

まず、相手の女性を冷静に観察し、最もふさわしいと思われるチャンスを狙《ねら》う。自分の気分や思いつきでふらっ、と電話をすることはない。

誘い方としては、ある夕方に電話をかけ、クールに「お話があるのでお目にかかりたいのですが」と切りだすだろう。

約束が非常に几帳面で、待ち合わせの時間は厳密、万が一にも会いそこなう危険性のある野外や人ごみはぜったいに避け、喫茶店のなかの座席まで指定してくる。

行く先だが、上品でノーブルなフルート奏者のことであるから、写真や版画の展覧会に行ったあと、フランス料理を予約してある。

話題が非常に高尚で、しかも話すスピードが速いので、相手の女性は、いまいったいなんの話をされているのかさっぱりわけがわからず、帰宅してから「お母さん、肩もんで！」と言う。

オーボエ奏者

知り合ったその晩か翌日に、即座に電話をかける。感受性が敏感、感情的でオーバーなので、相手の長所美点をどんどんほめて、「どうしても会いたい」と、熱心に口説《くど》く。

自分がオケのなかではソロがあって結構目立つことを知っているので、まずは自分の出演している音楽会に誘う。そのあと食事をするわけなのだが、神経質なので、混んでいる店もすいている店もキライ、ことにうるさい店はキライなので、いつまでも入る店がきまらない。

歩き回らされ、おなかがペコペコになって、やっと座ったと思うと、「今日の演奏はいかがでしたか」と、あんまり素直に自分をほめてもらいたがるので、相手の女性は「クラリネットがすてきでした」とイジワルを言いたくなってしまう。

クラリネット奏者

一目惚《ひとめぼ》れはオーボエに負けず劣らず激しい。しかし、クラリネットは恥を知っている。知り合って、本当はすぐ電話したいのだが、きらわれたらと思い、様子を見ているところがある。

四日から六日ぐらいたってから、しかもかなり遅い時間に電話をかける。初対面では結構うちとけていたくせに、敬語など使って妙に堅苦しい。なかなか用件を切りださないまま、「じゃ、サヨナラ」などと電話を切ってしまったあげく、またすぐにかけ直して「そういえば、こんどご一緒に……」と、誘う。誘い方が複雑なのだ。

行く先は、日曜日の昼間、雰囲気のいい古い町並み。レンガや石畳の残る、静かな住宅地を散歩して、隠れた名店でおいしいコーヒーを飲み、別れぎわに小さなプレゼントを差し出す。

「これ、ぼくが中学校のときだいじにしていたものです」

帰って開けてみると、ウルトラマンの小さなバッジが入っている。

「捨てるわけにも、いかないしねえ」と相手の女性は近所の子どもにあげてしまった。

ファゴット奏者

デートに誘うまでには、知り合って四年ほどかかる。もし大学生ならば、入学式で見初めた女の子を、卒業間際《まぎわ》にやっと誘うことになる。

アタック方法は手紙。「何月何日、正午から、ナントカ公園で、ずっと待っています。イヤだったら、こなくてもいいです」とだけ、書いてある。

行くと、非常に驚いて喜ぶが、ほとんど口はきかない。行く先は近所の川原の土手。座って雲と川とを半々に眺めて、石を投げて、ときどきにっこり笑う。なにしろ、彼女がくるとは思っていなかったので、ほかのダンドリはなにもしていなかったのだ。「コーヒーでも飲みませんか?」と、女の子のほうから誘うと、おそれいったことには、オカネさえほとんど持ってきていなかった。

サクソフォン奏者

自分の周辺でかなり目立っている女の子を、どこかで待ち伏せして、明るく「やあ」と声をかける。

「キミって、カワイイね」と、あくまでライトなノリ。しかし、じつは緊張して足がふるえている。音楽の話、スポーツの話から、映画の話に強引にもっていったあと、「あのさ、よかったらこの映画行かない？」と、ロードショーの封切りバリバリ映画に誘う。

ホルン奏者

仕事（プロ）や練習（アマチュア）で一緒になる子と、なんとなく帰る方向が同じだから、ずっと一緒に帰っている。無口でときおり機嫌が悪いことがある。ホルン奏者のほうが駅がいくつか先で、彼女が降りるときには、「じゃあ」と言うだけである。

ある本番のソロで大失敗をした日に、帰りの電車のなかで、明るく世間話をしていたと思ったら、急に涙をこぼした。女の子のほうが、降りられなくなって、彼と同じ駅まで乗っていった。「なにやってんだ、降りろよ」とは、言わなかった。

一緒にコンビニで飲み物を買って、公園のブランコでそれを飲んだ。

ホルン奏者がそっとオナラをしながら、「これは、Ｆの音だな」などと考えていたことは、だれも知らない。

トランペット奏者

お互いいつも、居酒屋でわいわいとウチアゲをする常連メンバーであった。その子のことがなんとなく気にはなっているのだが、トランペット奏者はシャイで男らしいので、女の子に自分から声をかける、などということはまったくしない。

みんなでドライブに行こうと、とある日曜日待ち合わせていたら、自分たち以外のメンバーが土壇場《どたんば》でキャンセルになってしまった。

それでも、どっちも「やめようか」とは言わず、郊外の動物公園に行って、いろんな動物を見た。

水族館の暗い通路で、ほかにだれもいなかったときは、彼女はちょっとドキドキしたのだが、「あのマンボウ、おまえに似てるな」と言われたので、ぶちこわし。

そこから帰ると、結局いつもの居酒屋になだれこみ、いつものメンバーに冷やかされながら、どんどん飲んだ。

トロンボーン奏者

ときおり顔を合わせる程度で、あまりよく知らなかったのだが、突然、「こんど、海に釣りにいかねえか?」と誘ってくる。

テューバ奏者

自分のピアノ伴奏をしていたりする、小柄な女の子が好きである。

知り合ってしばらくしてから、切符を用意して、いきなり「これ、来いよ」とぶっきらぼうに誘うのは、サッカーか、ラグビーのスポーツ観戦。だだっぴろいスタンドで、昼間っから缶ビールを飲み、イビキをかいて寝てしまった。

打楽器奏者

お目当ての子は、いつも一緒に遊ぶグループのなかにいるのだが、自分は「連絡網」の一員になってしまっており、チャンスがつかめない。

半年くらいたったあと、非常にタイミングの悪い時間に突如《とつじょ》電話してきて、異常な早口で、「あの、友だちにプレゼントを買うので、見立ててくれませんか」と、みえすいた口実を言う。

デパートのなかをぐるぐる歩き回ってやっと買い物をし、疲れたなあと思っていると、またしても突然に「これから歌舞伎《かぶき》を見ませんか」などと、異常にマニアックなことを言う。

そのあとは、突然銀座の落ちついたジャズ・バーに連れていってくれたりして、意外な一面も見せる。打楽器奏者とのデートは、驚きの連続である。

第一ヴァイオリン奏者

非常に積極的であるが、しかし用心深い。まず、知り合ってからまわりにその子のことをいろいろ聞いて情報収集にはげむと同時に、自分が関心を持っていることを間接的にアピールする。

準備が完了すると、誘うのはなんとヴァイオリンのリサイタルである。その奏者の演奏、メトード、楽器、曲目、作曲家への豊富な知識を背景に、とぎれることなく解説は続き、極上のコンサートガイドをつとめる。

そのあとは、繁華街のおしゃれでおいしい店をじつによく知っていて、連れていってくれる。

第二ヴァイオリン奏者

オケでの、ちょっとした知り合いだった程度で、優しい感じだが、無口ではにかみやなので、相手の女性もあんまり関心はなかった。

ある日電車に乗っていたら偶然、ばったりと出会った。いつもとは見ちがえるように楽しそうにいろいろ話をしてくれて、「こんど下町にお祭りを見に行きませんか。ぼくの実家があるんですよ」と誘われた。

お祭りのおみこしを見て、縁日をひやかして、子どものように楽しかった。一緒に歩く歩き方が、こまやかだった。

実家にも連れていってくれた。夕食まで一緒に食べて、気がついたら、家族のようにうちとけていた。

ヴィオラ奏者

オケの帰り道、くわえタバコでゆっくり歩いているのを女の子が見つけて追いつくと、「パチンコ、やっていかない？」と誘われた。

チェロ奏者

紹介されたその晩すぐに電話をかけ、ちょっとどもりながら、「あした、お茶を飲みませんか」と誘う。「デート」だと断られそうなので、思わず、紹介してくれた友だちと一緒に、と言ってしまう。

結局、女の子ふたりを相手にお茶を飲み、ふたりの人生相談の相手をし（聞き役がうまいのだ）、時間がくると、本当はもうひと押ししたいのだが、「じゃあね」と別れてしまってから、「ああ、またこうなっちゃった」とタメイキをつく。

コントラバス奏者

知り合ってから、忘れたころに、ごく自然に電話があり、「そろそろ冬だねえ、おでんでも食べにいかない？　おいしいとこ、知ってるんだ」と、平日のデートに誘う。せっかくＯＫだったのに、当日、本人はそのことをすっかり忘れて、家で寝ていましたとさ。

以上が、男性奏者のデートの誘い方であった。少しずつ楽団員というものがわかってきたような気がしてきたでしょう。

調子が出てきたので（笑）、続けて女性奏者編に移る。こんどは、デート（食事）に誘われた場合、どういう反応をするか、ということである。前提としては、一応、その相手をキライではない、ということにしておこう。

女性フルート奏者

とりあえず、一度は考えるそぶりはみせるものの、結局、行く。

食事をして(食べるものは相手にきめてもらう)、酒はほとんど飲まず、コーヒーを飲み、ワリカンをお願いし、九時四五分には、「遅くなるので」と帰る。

フルートの女性は、一応、オケというとんでもない世界のなかでは、世間のスタンダードなお嬢さんに最も近いのである。

女性オーボエ奏者

カンタンについていくのだが、まず行く先にうるさい。好き嫌いが多いので、食べられない、イヤという店が続くのだ。そのくせ自分は払わない。食事が終わってから酒を飲むのだが、自分の話ばっかりする。あげくに、泣く。ああ。

女性クラリネット奏者

すぐ、行く。そのわりにはときどき退屈そうにしていて、理由は不明。食べものを結構残すので、おいしくないのか、と気にかかるが、そういうわけでもないようだ。気まぐれなのだ。

酒は、結構飲み、酔う。かならずしも、陽気な酒ではない。勘定は、おごってもらう。

女性ファゴット奏者

行くのがあまりオシャレな店だと、気がひけて断ってしまう。近場の、落ちつける、安い店なら、行く。なんでもおいしそうに食べ、人の話を一生懸命聞くが、自分はあんまりしゃべらないので、少々退屈なデートである。

酒も少しは飲んで、どうしても、といって半額を払い、最終電車で帰る。

女性サクソフォン奏者

最初の誘いでは、行かない。相手の出方を見ている、というよりも、そういうもんだと思っているのだ。三回くらい誘うと、行くのだが、トンデモナイ服を着てきてしまう。

雑誌に載っているような店をよく知っているが、入ったことはないらしい。

女性ホルン奏者
気難しいことは確かなので、誘うのにも苦労はいるだろう。高い店は敬遠。徹底的に安い、ヤキトリ屋などがよい。意外に明るい一面を見せるとともに、家庭的な側面も知ることができるが、いかんせん話がマジメ。

女性トランペット奏者
うれしそうに、すぐ、行く。
居酒屋からカラオケ、三次会と、とことん盛り上がり、「じゃ、ごちそーさまでした！」と、楽しそうに帰ってしまう。

女性トロンボーン奏者
基本的にデートには行かない。めんどうくさいものと思っているらしい。行くならみんなで、とばかりに男女をひき連れて飲み会となる。とことん飲むのがわかっているので、自宅の近所で飲む。

女性テューバ奏者

結構モテる人が多い。母性を感じるからだろうか。ただ、仕事にせよ学校にせろアマ・オケの練習にせよ、あの大きな楽器を背負っているハンディは大きい。休みの日に遊びに行きましょう、と成立しなさそうな提案をするのが関の山。

女性打楽器奏者

ヒカリモノ系のプチお嬢さまが多いので、かんたんにはデートできない。いくどかチャレンジして、やや高めの店にお連れする。

性格は個性的で華やかな人が多いので、楽しいデートになる。酒は、バーで少しだけ飲んで、フルートよりは遅い時間に、やっぱり帰る。

女性ハープ奏者

デートに誘うと、「まあ、どうしましょう」とうろたえ、「お断りするのは失礼ではないかしら」と悩み、結局、お母さまが待ち合わせの場所まで一緒に送ってきて、「今日はよろしくお願いいたします」と言い、帰ってゆく。

当然、食後は可及的《かきゅうてき》すみやかにお宅までお送りしなくてはならない。

女性第一ヴァイオリン奏者

誘うと、「ええ、どうしようかなあ」と迷い、あげく「友だちも一緒でいいですか」と聞く。

女性第二ヴァイオリン奏者

誘うと、迷いながらも「はあ」と言っているので、OKかと思っていると、当日の朝、「ぐあいが悪いので、ゴメンナサイ」という電話がある。

女性ヴィオラ奏者

誘いにはOKなのだが、待ち合わせには大幅に遅れてくる。驚くほど高いものを、驚くほど食べる。健康で食欲旺盛《おうせい》なのだ。

九時をすぎると、「眠くなっちゃった、ゴメンネ」と言って、帰ってしまう。

女性チェロ奏者

中音伴奏楽器であり、本質的に気難しいのはホルンと同じ。まして女性の奏者は、首席奏者も増えてきたとはいえまだ少数派である。大きな楽器を担いで行動しているハンディもテューバと同じ。

女性コントラバス奏者

「いいですね、行きましょう」と穏やかにＯＫしてくれる。なんでもゆっくりとおいしそうに食べる。結構頭がよく、話が面白い。酒もつきあう。この楽器の奏者には美人がたいへん多いのだが、どうしても男性と話しているような気がしてくる。

帰りぎわ「楽しかった。また誘ってくださいね」と言う。

オケの宴会・楽器別相性論

オーケストラの夏はビータ（演奏旅行）の連続と相場が決まっている。こうした中で筆者も、夜ごと誰かと本番後のビールを飲み、飯を食い、ジャズクラブがあれば入り込み、最初は静かに聴き、やがて猛獣と化して演奏に乱入し、鍵盤を打ち砕き弦を切りまくりドラムと朝までバトルを続けるという、いわゆる宴会を繰り広げている（初校執筆当時。現在はそんなことはしていません）。

ところが、このオケの宴会というもの、組み合わせメンバーによっておよそ同業者の宴会かと疑いたくなるほど雰囲気が異なっている。人数よりも、個人的性格よりもなお、そこには「楽器」の「組み合わせ」が重要な役割を演じていることは、ほぼ、疑いない。ほぼ。

この宴会メンバーの組み合わせこそは、わが生涯畢竟《ひっきょう》の大作『オーケストラ楽器別人間学』の新たなるテーマとして観察の必要があるものと筆者は確信した。

【楽器の組み合わせによるよい宴会・悪い宴会】

プロ、アマ、学生を問わず、オケ関係者が一緒に食事、酒、お茶などを喫する場合に発生するよい例、悪い例を、人数や組み合わせ別に論じようという試みである。原則的に男女の別は無視し、基本的に同性の演奏者が飲んでいる場合を想像していただければありがたい。なお、よい宴会の組み合わせが、とりもなおさずよい室内楽の組み合わせと一致していることは偶然ではなく、楽器別人間学の正しさの証明であると筆者は考えている。

二名様ご一行

同性異性を問わずふたりで、面と向かって飲み食いするのは、はなはだ密接である反面、わずかでもまずい要素が介入しているとこれほど間が持たず、居心地の悪いものもない。まずここでは、両者の社会的威力、すなわち地位、影響力、パワー、濃さ、押し、声のでかさなどのバランスに注目しなくてはならない。二名でよい宴会となるのは、これらが完全にバランスがとれている（楽器別人格的平等）か、または非常に歴然と、親分子分の関係が成立している（楽器別人格的隷属）のどちらかであることが必要である。これらのバランスが悪い、または中途半端、拮抗《きっこう》している状態は悪い宴会となるし、最も悪いのは楽器別人間学的に「無関係」な楽器の奏者が組み合わさった場合である。こうした宴会は話題が全くなく、参加者にただただ退屈と苦痛をもたらす。

●ヴァイオリン（トゥッティ）×二

静かに、交互に、対等に、平等に語り合えることだろう。ヴァイオリン二重奏の、あのどちらがどちらかわからない、からまりあった、役割を仲よく交代しあう子犬のような従順さを見よ。どちらかが第一、第二とわかれた場合、多少のアンバランスが発生するが、第二ヴァイオリンは忍耐強く第一奏者の愚痴を聞くので、まだ大丈夫。どちらかが首席とかトップサイドならばこの関係は成立しない。

弦楽器の首席奏者はエリート性の強いサラブレッドであり、親の職業持っている楽器着ているものから乗っている車までがことごとくハイレベル（な気がする）。とてもではないがトゥッティと二人、静かに酌み交わすなどという相手にはなりえないのだ。また、首席同士も二人だけではあまり飲みに行かないだろう。首席ならでは語り合えることもあるとはいえ、弦楽器はそれぞれひとりの首席が十数人というトゥッティを束ねているのであり、責任の重み、個性や主張の強さもまた、それに呼応しているからだ。

●ヴァイオリン＋チェロ、ヴァイオリン＋コントラバス

多少スリリングではあるが、低音弦楽器奏者の、この組み合わせにおける予期せぬ冗舌を見よ！　チェロとコントラバスの組み合わせも然《しか》り。

●フルート×二

クラリネットと並び、管楽器でほとんど唯一ツーショットが成立する楽器だろう。片方が首席でも苦しゅうない。端から見るとぼやーっとぼやけた、温かみのある人間関係が窺《うかが》える。ファゴットにも成立することがあるが、ぼやけているものの思い詰めた、暗い雰囲気が支配するだろう。オーボエでは、二番が首席の後輩または生徒である関係以外には成立しない。金管二名で出かけようとすると、みるみるうちに金管七名に増えているのは金管奏者の魔法。

●木管＋弦楽器（トゥッティ）

まれに成立している宴会である。木管奏者はお互い同士では相性のよい奏者が限られているため、演奏旅行にそうしたパートナーが降り番であったりした場合に備え、弦楽

器（またはホルン、打楽器など）にも緊急避難用のトモダチを作っておく傾向がある。このトモダチは完全なトゥッティではなく、またオケのエリートである弦楽器首席奏者でもなく、トップサイド、フォアシュピーラー（弦楽器の、首席奏者につぐ役職。N響では「次席奏者」と訳している）あたりが人気である。これら弦楽器奏者も、ふたりきりで首席やトゥッティと飲むよりは、半分ソリストの木管二番奏者と飲むほうを好むといえるだろう。ただし木管奏者は二番の場合が圧倒的に多い。木管首席と弦楽器トゥッティ、金管と弦楽器、木管、金管と弦楽器の首席というツーショットは成立しない。

三名様ご一行

三は安定のよい数字である反面、逃げ場のない人間関係という側面もあり、よほどバランスがよいか、役割意識をはっきり持っていなくては分解する。同種三名か、完全に異なった役割の三名が正解だろう。

●弦楽器首脳会談

何より思い浮かぶのはこれ。コンマス、ヴィオラ、チェロの各トップの三人。仕事の打ち合わせなども多く、三人とも「ねかちも（金持ち）」であるから、行く店も気兼ねなく選べる。旅先のホテルのバーなどでこれら首脳会談に予期せず遭遇したときのわれわれ庶民階級が感じるゴージャス感と恐怖は筆舌に尽くしがたい。そのバーの隅っこに無造作に置かれている楽器三丁で、南米大陸くらいは買えるのだ。

●木管×二にファゴットを含む三

ファゴットを含まない場合、非常に短時間に解散されることになっている。フルート＋オーボエ二などは所詮《しょせん》成立があり得ない。ベストはクラリネット二＋ファゴット一であり、モーツァルトの沢山の Divertimento（嬉遊曲）のごとく役割分担のはっきりした宴会像が浮かぶ。二番クラリネットのどこまでも利かす機転が勝負。

●ホルン×三

非常によく見かける。四のこともあり、ほとんど同じ意味。背格好、歩き方、飲み方食い方までがほとんど同じであり、もちろん割り勘である。三人でメニューをのぞき込み、日本酒、ワインの品定めを厳粛におこない、首席「うん」三番「なかなか？」二番「なるほど」などと発言している様子が窺える。三番が先に発言していることに注意

（ホルンの三番奏者は役割上、二番奏者よりも発言力アリ）。

●トロンボーン×三

非常によく見かける。テューバを足して四のこともあり、ほとんど同じ意味。だが、ホルン奏者がほかの楽器との組み合わせもそつなくこなしてさまざまな宴会をしているのに対し、この三人は毎晩一緒にして倦《う》むことがないところに違いがある。三人でメニューをのぞき込み、チューハイを七つ、お湯割りを一二、最後にラーメン（うどん）大盛りを食って解散するが、全部割り勘である。

●ハープ×二十チェレスタ

大編成の演奏旅行などにおいて観察される。女性の奏者は弦楽器にも管楽器にも多いのに、この三人は別格として行動しているため、行く店が極端に限定されているため、予約は必須。

四名様ご一行

和音のすべてを満たすことができるため便利だが、ひとりが余ってはじき出されやすい。危険な人数ともいえる。結束の強い三人にうかつについていかないほうがいい。五重奏も同じ。

●弦楽四重奏（フォアシュピーラー級）

大変多い。演奏旅行行動のパターン。よほど相性がよいと見え、一台のレンタカーを借りて行動するなどは朝飯前。ただしあまりにもタイトな関係のために、ときおり一、二名がこぼれてきて、木管の宴会などの隅っこににこにこ座っていたりする。トゥッティのカルテットも結束は非常に強く、宴会でも自分たちの演奏をヘッドフォンで回し聴きしていたりする熱心さ。こうした人々のたゆまぬ努力でオケのサウンドは維持されているのである。

●ヴィオラ×四

同種楽器結束率が高いのは、オケの中では（1）打楽器、（2）トロンボーン、（3）ホルン、（4）チェロ、（5）ヴィオラの順であり、これ以外にはサクソフォンの一〇〇％がそれに相当する。このなかヴィオラは管楽器、打楽器などとも自在に交流しつつ、ビータの中日《なかび》に突如「今日はヴィオラ会！」などと仲のよいところを発揮したりするので油断がならない。おそらくは他の楽器といると常に自分たちがおっとりと優しすぎているために溜《た》まってくるストレスを、そんな機会に発散しようとしているのだろう。

●打楽器全員

五名のこともあるようだが、数えたことがないのでわからない。きっと同じことだろう。ひとりいくつの楽器をやっているのかもよくわからないのだからな。いつも一緒にいて、どこの店に行ってるのかもよくわからない。ヒミツの世界であり、そこでは遠い南米への憧《あこが》れなどが語られているのだろうか？　ひとりティンパニ奏者だけは、ときおりあちらの世界を抜け出して、自由にほかの楽器のなかを泳いでいる。

●弦楽器首席×三十木管×一

木管は好きなだけ闊達《かったつ》に発言しても、弦の首席たちは鷹揚《おうよう》にうなずいてそれを受け止める。あまりの懐《ふところ》の深さ、人格の確立に筆者などは恐怖を覚えて、はやばやとお勘定。短い曲が多いわけだ。クラリネット奏者が少し長居をする。オーボエ五重奏にはヴィオラが二人だといいのだが……。

五～一〇名様ご一行

指揮者なしでまとまる最大人数。これ以上になると宴会は複数に分かれ、同じ店で同時多発的に進行すると考えたほうがよい。かなりオーラの強い人間を受け止めるだけの数の力が、トゥッティの人間にも生まれてきた。

●弦楽器会

この組み合わせを一つも出さずに交響楽団をある街に宿泊させろと言うほうが難しいだろう。必然であり、いつでも可能であり、常にうまくいくだろう。首席が二名交じっていてもだ。

●そこに単身、管楽器奏者が加わると

そいつ（筆者）は異常なサーヴィス精神を発揮してマニアックなジョークを言い続けて笑いを稼ぎ、せっかく穏やかに、仕事を忘れてサカナを味わおうとしていた宴会が、自分の頼みすぎた牛肉そのほか脂っこいものによってとたんに性格が変わってしまう。

マルチェロのオーボエ協奏曲のように饒舌《じょうぜつ》だ。おまけにそいつは、自分の飲み食いが終わると土砂降りの中、チェロ山之内の傘を奪ってひとりさっさとホテルに帰ってしまったという。あっけにとられた弦楽器の八分音符のため息が、マルチェロの第二楽章のようにdim.（ディミヌエンド＝次第に弱く）して消えた。青森での実話。

●金管楽器奏者が加わると

はじめは静かに、やがて彼を歓迎するムードがゆっくりと生まれ始める。金管奏者は余裕があり、発言は少ないが適確で輝きを持っているため一座の方向性を決定的にする力を持つ。ショスタコーヴィチのピアノ協奏曲（弦楽器＋トランペット・オブリガート）、ヘンデルの「メサイア」などを想像されたい。フィナーレはあくまでも明るく、気持ちよく、晴れやかに。朝まで。

●木管会

ホルン奏者やハープ奏者、若干数の弦楽器奏者を含むことが理想だが、純粋に木管奏者だけで一〇人集まることは物理的に不可能なので、論評を差し控える。五名の場合はあきらかに仕事の打ち上げであり、八名が集まったとすれば、それはオーディションかなにかの会議だろう。極めて代表委員会的な、優等生的な宴会が予想される。

●木管会に誰かが紛れこむと

みんながなんとかしてその弦楽器、またはホルン奏者だけと話をしようとするために、大人気となります。注意しましょう。

●金管会

いつもやっているので論評なし。飲食大量のため安い店多し。

●そこに木管（例＝筆者）が紛れ込むと

共通の話題がないばかりか、誰からも話しかけて貰《もら》えないので注意しましょう。

大規模宴会

●オケ全員

これほど静かな、上品な、発言の少ない、笑いの少ない、言い方を変えれば退屈な宴会もない。学生オケなどの場合には、この退屈に堪えかねて殺人的一気飲みそのほかの手段によって沈黙から逃避する。

●複数のオケ

合同演奏の打ち上げ、地方公演で現地オケのみなさんと、上京公演の打ち上げなどが考えられる。座り方で見てみると以下のようになる。

セクションごとにまとまる楽器＝ホルン、トランペット、コントラバス、ファゴット、打楽器

音大の同級生ごとにまとまる楽器＝フルート、ヴィオラ、チェロ、トロンボーン

自分のオケごとにまとまる楽器＝クラリネット、第一ヴァイオリン（トゥッティ）

役職ごとにまとまる＝弦楽器首席奏者、ライブラリアン（楽譜係）、ステージ・マネージャーなどスタッフ
まとまらないで勝手にしている、または来ない＝オーボエ、第二ヴァイオリン（トゥッティ）

いかがだろうか。読者諸兄の所属する団体で飲み会が開かれ、右記研究に類するなんらかの付帯的事実の発見があったならば、速やかに筆者までご報告をいただきたい。

［付録］アマチュア・オーケストラ専門用語集

我々プロのオーケストラと隣接している世界に、アマチュア・オーケストラがある。日本のアマ・オケの数は今やとてつもないことになっていて、大学ごとにオケがあり、そのOBオケがいくつもあり、大きな駅（都市）にはどこでも「市民交響楽団」があり、最近では特定の作曲家の作品だけを演奏する趣旨で集まるオケや、あえて小編成で古典的な音楽を演奏するオケ、さらには古楽器のアマ・オケまで登場している。

音楽の本場ウィーンやパリ、ドイツの各都市においていわゆるアマ・オケがこんなに多数活動しているという話は聞いたことがない。日本は、世界一のアマ・オケ大国だと言ってよいと思う。オーケストラに入って演奏することや、作品にはそれだけの魅力があるということになるだろう。

最近は、こうしたアマ・オケを指揮させていただく機会も増えてきたが、アマ・オケと接していて面白いのは、それぞれ音楽とは別にご自分の職業、歴史を持っておられるということであって、ここが音楽だけを専門にしてきたプロのオーケストラ・メンバーとは根本的に異なる。お医者様、看護婦（師）、薬剤師、僧侶、科学者、技術者、教師、ワイン作り、チーズ作り、女性のソムリエ、道路を作る（設計）人、鉄道を造る人、鉄道の運転手さん、証券、金融、主婦、営業マン、農協の職員（全部実際に会った方である）、さまざまな方々が一緒に交響曲を合奏しているのがアマ・オケというものなのである。飲み会などでそれぞれのご専門の話を伺うのはとても楽しく、また、彼らもプロの音楽家の話にとても興味を持っているので、文字通り異文化相互交流が実現している感がある。中には音大出身で演奏のプロにはならなかったが、アマ・オケでの演奏を楽しんでいる方も増えてきて、とてもよいことだと思っている。

同じオーケストラという集団で、同じようにベートーヴェンやマーラーの交響曲を演奏し、楽器も演奏会場も共通のことが多いプロとアマのオーケストラを比較することは、とても興味深いと言える。

特に感じるのは、我々プロとの「専門用語」の微妙な相違。

多くの集団社会と同じく、オケのメンバーは符牒《ふちょう》のような専門用語を多用しているものだが、プロ・アマで共通な言葉、省略法もあれば、独特な用語、用法もある。

ここでは、アマ・オケだけが使っている専門用語をご紹介していくことで、プロとアマのさまざまな違いを浮き彫りにしていこうと思う。

定演（ていえん）

定期演奏会のことである。言葉自体はプロにもあるが、「ていえん」と略するのはアマ・オケ。

高校〜大学オケ部活の「ていえん」の名残だろうか。プロは「定期演奏会」や（N響は）「定期公演」、略すときには「来月の定期」のように使う。アマの方から「先生、来月の定演、出番ですか？」などと聞かれると、ちょっとくすぐったいです。

ちなみにアマ・オケは多くの場合、「定期演奏会」がほぼ唯一の本番であり、一年に一、二回の「ていえん」を目指して半年練習を積む、というペースがほとんど。プロにとって定期公演はオケの自主公演の意味であり、毎月一回から、多いオケ（N響など）は年間六〇回。それ以外にオペラや学校公演、名曲コンサートなど契約公演を多数抱えるため、定期のリハーサルは二、三日、通常公演はリハ一日で仕上げることが多い。プロとアマの最大の違いの一つは、この「ひとつの演奏会にかける練習時間（期間）」であり、言い換えれば、プロ・オケというのは何よりも、短時間で曲を仕上げられる能力、能率を要求される存在ということになる。

セクリ（パトリ）

セクハラではない。「セクション・リーダー」のこと。セクションとは「弦楽器」とか「ヴァイオリン」とか、団の規模によっても異なるが、そこにそれぞれリーダーを選出しているものらしい。オーボエ、など少人数のパートにもリーダーを置いているところもあり、「パトリ」とか「パーリー」と呼んでいる。プロではこうした上下関係は作られていない。プロの「首席奏者」は演奏上の職掌（管楽器の一番パートを演奏する人、弦楽器なら先頭で弾く人）ではあるが、セクションをまとめるような人間関係的調整はおこなわない。逆にアマでは「一番」（管楽器）などを交代、平等に回すのが望ましい（ローテーション。アマ・オケでは「ローテ」と略す）とされ、「首席奏者」はいないことが多い。

前中（まえなか）

定期演奏会の選曲の中で、休憩の前に演奏される二曲をこう呼ぶ。前プロ、が序曲などの最初に演奏される小品、中プロ、が休憩前の協奏曲など。「今回私は前中に乗ってますので」などと言いにくる。

メイン

休憩後に演奏する一番大きな曲のこと。交響曲のことが多い。「メインでトップ、中プロでアングレ」などと自分の出番を言う。

大祝

「おおいわい」ではない。「だいしゅく」と読む。ブラームスの「大学祝典序曲」のことであり、プロではこの省略は使わない（と思う。聞いたことがない）。こうした曲名の省略はプロ、アマ、両方でかなり激しくおこなわれ、双方で入り乱れているので、個別の例を挙げるのは遠慮しておきます。ちなみに「ロミジュリ」か「ロメジュリ」（チャイコフスキー、幻想序曲「ロミオとジュリエット」）か、「ベト7（しち）」か「ベー7（ひち）」（ベートーヴェン、交響曲第7番）か？　など、関東と関西でも味付けが違てまんねん。

トップ

管楽器の一番パートを吹くこと。アマ・オケではみんなが楽しめるように曲ごとに

「トップ」が代わる。N響などでは「首席奏者」が責任として常に一番を吹き、セカンドにも専門家がいる配置になっているため、わざわざ「おれは今回トップ」とかは言わない。プロでもオケによっては首席をおかず、ローテーションして一、二番を交代しているケースもあるが、その場合一番を「アタマ」と呼ぶ。

「先生、今回トップ吹かないんですか？」などと聞かれるが、常に一番吹いてますよ。

アングレ

コール・アングレ〔仏〕（イングリッシュホルン、大型のオーボエ）のこと。プロではイングリッシュホルン〔独〕とそのまま呼ぶことが多い。楽器名は外来語が多く、プロアマともに省略して話すことも多いが、微妙に違っていて面白い。コントラバスを「ベース〔英〕」と言ったり、第一ヴァイオリンを「ストバイ」、第二を「セコバイ」と呼ぶのはアマ・オケの特徴。プロは「ファースト、セカンド」（ヴァイオリン）と野球のように呼んでいる。コントラバス〔独〕は「コンバス」になる。こうしたアマ・オケ的省略法には、「プロも、むかしはそう呼んでいた」という古風な（？）香りがするので、時代とともにプロのほうが変化してきたということかもしれない。

弦練（管練）

弦楽器だけの練習で、「げんぶん」（弦分＝弦分奏）という団体もある。もちろん、「管分」もある。打楽器だけ集まる「打分」、というのは聞いたことがないが、この文章は「駄文」かもしれませんね。

「ていえん」の曲が決まると、最初のうちはゆっくり、じっくり、楽譜を読んで練習していこうというプランが作られる。「パト練」や「セク練」もおこなわれることがある。こうした分奏は、練習開始から三日で本番になってしまうプロではほとんどおこなわれない。

弦トレ（管トレ）

こうした分奏のときなどに、プロ・オケのメンバーや音大出身のフリーの演奏家などが、練習を指導するために呼ばれることが多い。こういう方を「トレーナー」と呼び、弦楽器トレーナーが弦トレになる。奏法や楽譜の正確な読み方、音程など、細かい部分まで少しずつ練習して、大曲の本番に備える仕事である。練習後には飲み会などになることも多く、プロの話を聞きたいアマ・オケのみなさんにも楽しい交流となっているようだ（プロ・オケにはもちろん「トレーナー」はいません）。

合奏

分奏に対して言う言葉で、オーケストラ全員が集まって曲の通りに合わせてみること。プロには分奏がないので、すべての練習（普通はリハーサル、リハと言います）が「合奏」で当たり前なため、わざわざ「今日は合奏」とは言わない。なお、関係ないが、同じクラシックでもオペラの世界では「練習」や「リハーサル」と言わず、「稽古」と言う。稽古がなくなることを「トリ」「取れた」というらしい。お芝居っぽくてカッコいい。

代奏

これも練習期間の長い、また他に職業を持っている人がほとんどのアマ・オケ特有の言葉だが、本番メンバーで練習を欠席する人がいた場合に、代わりに吹いたり叩いたりする人を団内で調整していることがあり、「代奏」「代吹き」などと呼んでいる。

本番には乗れないが名曲のソロを吹いたりして合奏を楽しめるので、代奏は本人も楽しいし、やっぱりパートは揃っていたほうが曲らしくなるのでみんなも喜ぶという制度である。指揮者をしていると、あるソロなどを吹く人に一生懸命時間をかけてご指導して、終わってから「ボク代奏でした……」とか言われると、「しまった、時間を無駄にした〜！」とか思うこともありますよね。頭に「代奏」と書いた帽子を被ってください。プロは当然全リハーサル出席なのでこの制度はない。ときどきお願いしたくなるが……N響にあればやってみたかったなぁ（笑）。

団内指揮者

プロにはない制度。アマ・オケの定演でも本番を振るのはプロの指揮者ということがほとんどで、そういう指揮者のスケジュールはとても半年間の週末全部を抑えるのは難しいため、練習の最初のほうの時期は、トレーナーによる分奏、合奏や、場合によって本番指揮者（本指揮者とも。これもプロでは使わない言葉）が指名する「下棒」（「下振り」とも。練習指揮者。弟子、音大の指揮科学生など若手が多い）が合奏を指揮したり、アマ・オケのメンバーのなかで指揮の心得のある人が棒を振ったりしている。団内指揮者、としてあらかじめ任命されている場合もある。

ザッツ

雑な演奏、という意味ではない。合図、や、同時に出る、というような意味のEinsatz（アインザッツ〔独〕）を、アマ・オケ流に省略した言葉で、「ザッツが合わない」とか「ザッツ出して」などのように使う。プロでは聞いたことがない言葉である。どこから来たんだろう。

会計

この立場の存在こそが、アマ・オケとプロを隔てる最大のポイント。アマ・オケには必須の会計さんは、団費の集金、チケット代金の計算、ホール代や指揮者、トレーナーのギャラの支払などを担当する。もちろん演奏兼任。アマ・オケは自分たちのお金でホールを借りて、チラシやプログラムを印刷し、指揮者などにギャラを払って、定期演奏会をおこなっているのだ。チケットには多くの場合ノルマもあって、みんなで頑張って聴衆を動員している。同じく、渉外、幹事長、コンパマスター、プログラム解説の執筆のような役職（？）が設けられているアマ・オケも多い（ちなみに、本番のあとの乾杯～宴会を、アマ・オケでは「レセプション」と呼んでいて、プロでは「打ち上げ」なので厳然と異なっている）。

プロはお金（給料）をもらって仕事をしているので団内に会計はいない（事務所に経

理職員が別に居る)。そのかわり、演奏する曲や指揮者を自分たちで選んだりすることはできないですよ。

選曲会議

そう。アマチュア・オーケストラは、自分たちが次の「ていえん」で演奏する曲や、指揮者、ソリストなどを自分たちで決めることができるのだ。この、ある意味最も楽しい、重要なコトガラを決める話し合いを「選曲会議」と呼んでいる。

候補に挙がった曲を知る目的や、遊びの意味で、次々楽譜を持ち寄っては仲間だけで演奏してみる「初見大会」がおこなわれることもあるというが、これもプロでは意味がない(本番がないと出演料が発生しない)のでおこなっていない。

演奏会ごとに一〇〇曲にも及ぶこともある「希望」をまず出し合って、そこから次第にメーリングリストなどで候補を絞っていき、最後は投票で民主的に決めるという。つまり「アマ・オケ選曲総選挙」の興奮が毎回訪れているというわけですな。

ここで勘案しなくてはならないのが楽器編成で、トロンボーンもクラリネットも打楽器も含まないことが多いモーツァルト、ベートーヴェンなどのせっかくの名曲を、ことに「メイン」に据えるのは難しい。参加できない団員が増えてしまうからである。団員みんなが楽しめるのが大前提のアマ・オケでベートーヴェンの「英雄」（トロンボーン、打楽器なし）を振らせてくれるとすれば、よほど音楽的要求が高まっているか、もともとこうした事態を避けるために前記のような楽器に団員をおかず、エキストラでお願いする形態を取っているか、ではなかろうか。「○○室内オケ」を名乗るアマ・オケはそういう編成であることが多い。

団長

これも意外かもしれないがプロのオケには「団長」はいないのが普通（いるオケもあります。労働組合の書記長などはいます）。理事長とか楽団代表は事務職であって、演奏者の兼任ではなく、難しく言えば雇用者の側にいて我々は労働者である。アマ・オケは自主的に運営している団体なので、専属の事務職員などは居ない。演奏メンバーの中から団長を選出して主要な場面では挨拶したり、決定事項を調整したりしている。

指揮者練（指揮練）

さて、こうした練習期間を経て、いよいよ本番を指揮する指揮者の先生をお迎えする（自分のこともあるので敬語恐縮ですが……）日がやってくる。これを「指揮者練」とか「指揮練」と呼び、定演までの長い期間の中でやはり特別な一日となっているようだ。ここで初めて本番でのテンポがどのくらいか、どのくらいピアニシモを落とさなくてはいけないかなどが判明するし、初めて呼んだ指揮者の場合、怖いか、意地悪か、厳しいか（全部同じかも）など、メンバーの緊張は結構大変なものがある。プロでは三日のリハは全部本番の指揮者が振るに決まっているので、「全部が指揮者練」ということになり、特別な用語はない。

振り下ろし（タクトダウン）

指揮者が指揮棒を最初に振り下ろす時刻のことであり、つまり全員集合して練習が開始される時刻のことをアマ・オケではこう呼ぶ。ずいぶんカッコいい言い方だが、指揮をしている人間からすると、振り下ろす前に必ず振り上げるので、その時刻は本当は「振り上げ」になりますよね（笑）。

タダトラ

アマ・オケは、欠席禁止のようなところもあるが、団体によってはメンバーそのものが足りない（ことに弦楽器）こともあり、本番が近づくと音大生やプロなどを依頼してメンバーを補塡したりする必要がある。いささかの謝礼を払うのが普通だが、アマ・オケ同士でメンバーをやりくりして、ギャラはイラナイけど団費やノルマもナシね、という取引（？）で乗ってもらうこともあるようだ。こういう人を「タダトラ」という。トラはプロでも使う言葉で、エキストラ（団外からの演奏者）のことである。もちろんギャラをもらうので、タダトラという制度はない。

ステリハ

本番会場のステージでおこなう最後のリハーサルのことで、プロでは「ゲネプロ（総練習）〔独〕」と言う。アマ・オケは土日の活動のところが多く、本番は多くの場合日曜日の昼間である。土曜日の晩にも会場を借りて「ゲネプロ」（通し稽古）がおこなわれ、日曜日は全部通さずに軽く音出しをして本番をするので「ステリハ」というのだろうか。

コンミス

コンサート・マスターが女性の場合にコンサート・ミストレスといい、略したものをコンミスという。この言葉は最初アマチュアのほうで一般化したのちにプロにも波及した印象があり、昔は女性のコンマス、と普通に呼んでいた。

アマ・オケの本番では、楽団員全員がまず舞台に入ったあと、改めてコンマスやコンミスが登場して大きな拍手を浴びるのが通例となっているようで、その後にチューニングがおこなわれる。大学オケなどはこういう作法に厳格なようだ。

この習慣もほとんどのプロにはない。

アシコン

アシスタント・コンサートマスターのことらしく、コンマスの隣りで弾いているヴァイオリン奏者（第一プルトの裏の人）を指す。プロではこの位置のことをトップサイドとかフォアシュピーラーと言うため、この呼称はない。

合宿

アマオケにはよく「合宿」があり、一日中合奏や分奏をして、夜は大宴会。それを楽しみにオケをやっている人も多いだろう。プロオケには合宿はなく、代わり（？）に国内、海外への演奏旅行（「ビータ」と呼ぶ）がある。若いうちには毎日移動、本番、夜は飲み会、を繰り返していたがこの年になると静かに……はならず、結局毎日飲んでいる。

アマオケにも「演奏旅行」はあるが、本拠地以外（海外も）の演奏会一回ということが多く、「ビータ」とは呼ばないようだ。

花束受付

アマ・オケの定演を聴きにくる人のほとんどは、出演している人の知り合いである。従って、呼んでくれたメンバーに、なんかしらのプレゼントを持ってくるお客さんが非常に多い。その多くは花束である。プロの場合、一楽団員に花束が届くとか、楽屋の出待ちで花をもらうというのは停年退職のときくらいだろうから花束受付などはないが、アマ・オケでは全体として膨大な数の花が届くために別途受付が設けられており、届いた花は楽屋裏の廊下にずらりと並ぶ。壮観だ。半年練習してきた交響曲をあっという間に、夢中のうちに演奏し終えて、嬉しそうに悔しそうにしているアマ・オケメンバーはとてもいい顔をしている。プロでもアマでも、本番緊張したりミスッたりするのは同じであり、終演後の解放感も同じ。

そして、音楽は、オケというのはプロでもアマでもやっぱりいいものだ、と、ステージで花束係からデカい花束をいただいた自分は思ったりする訳であります。

中公文庫版あとがき

最初に出版されたときの「あとがき」を見ると一九九六年とある。二二年前。久しぶりに本文を読み返してみると、ところどころ、ヒトサマの人生をかけた仕事（楽器）への尊敬とか敬意とか配慮というものが感じられないばかりか、自分の仕事（オーボエ）だけが本当に大変だ大変だと思い込んでいるのがバレバレで、ひたすら恥ずかしい。今はひたすらご不快を与えた各方面に平身低頭でお詫びするしかない。せめて、今回のリニューアルではそうした表現は極力オンビンに訂正させていただき、安心して夜道を歩けるようにしたつもりだが、もしまだアタマに来ることが書いてあったら、本当にごめんなさい。

この本を実際のコンサートでお目にかけるという企画（「オーケストラ人間的楽器学コンサート」）をきっかけとして、何の勉強もしたことがなかったにもかかわらず「一回はやってみたい」と思っていたオーケストラの指揮をする機会に恵まれた。しかもそれは一回で終わらず、結局今日までなんとか続いている。楽団員の間で言われる「棒振りとナントカは三日やったらやめられない」ということわざの通りになってしまったわけだ。

その後、音大まで行って指揮を勉強し直したが、オーボエのパートを演奏するだけではなく、指揮する立場からスコア（総譜）に作曲家が考え抜いて大切に書き付けたすべての音の数々を改めて読み直してみると、オーケストラそのものや、そのための音楽というのは本当にすごい、面白いものだと改めて思うようになった。全部の音、全部の楽器にものすごく素晴らしいパートがあるのであり、オーボエのソロを伴奏するためにみなさんがそこに座っているのではなかったのだ、ということを（笑）初めてやっと理解できたように思う。また、いままでオケの席にいて指揮者に文句ばっかり言っていたわけだが、自分で指揮するようになってみると、彼ら、いや、あの方々が実はどれだけすごいカタガタであったのかということも、うっすらとではあるがわかってきた。

ピアニスト、声楽家、弦楽器などのソリストのみなさんと、企画者・指揮者として共演することは、それぞれの巨大な才能・努力・個性・魅力を間近で感じることのできる幸福な体験であるし、ステージ・マネージャー、ライブラリアンといった「裏方」のみなさんとコンサートを作る上で密接にご一緒したことは、オーケストラで演奏していただけでは知り得なかったさまざまな人のご苦労の上に音楽会が成立していることを実感することにつながった。アマチュア・オーケストラの演奏会を指揮させていただく機会も増えて、プロ・オケとの興味深い相違点を観察しては楽しむようにもなった。

今回のリニューアルではそうした体験をもとに、オーケストラを取り巻く人々についても加筆することにした。N響の定年を目前に、音楽とオーケストラは自分にとってますます面白く、演奏（指揮）したいことも書きたいこともまだまだあるが、それはまた別の機会に。

加筆書き下ろしにあたり、N響ステージ・マネージャーの徳永匡哉君をはじめ、非常に多くの同僚、スタッフ、アマ・オケの方々に、貴重なお話や草稿へのご感想・訂正などを伺った。本当に感謝しています。

クラリネットの項目で関西弁をリアルに「翻訳」してくれた吉村結実さんは若く優秀なオーボエ奏者で「大阪人・ド・パリ」だが、自分が昔書いた原稿をリニューアルしてもらうという現象に、何かのバトンを渡すイメージが重なっている。

マンガ『のだめカンタービレ』に大爆笑してファンレターを出して以来、「のだめコンサート」を始めとしてたくさんのご恩をいただいている二ノ宮知子先生には、なんと描き下ろしマンガをいただけるとのことで、「ぎゃぼー！」と喜んでしまった。非常に楽しみです！

最後に、この本の初版からの長いお付き合いとなっている南伸坊さんには、最高の装幀とイラストをいただけて幸せすぎた。新規原稿分についての描き下ろしだけでなく、旧版のものも、「タッチが違うから」と描き換えてくださったご尽力には感謝して驚くしかない。ありがとうございます。

二〇一八年六月

茂木大輔

のだめ的オーケストラ楽器別人間学
のだめオーケストラにいたらハープって感じですかね！
オーケストラ楽器別人間学
作もぎぎ
二ノ宮知子
ある
ハープ奏者
ハイソの育ち
イギリス人の先生に
もちろん留学も
田園調布か
外国で
父は外交
教授か医
子ども時代からピア
ヴァイオリンとテニ
バレエと乗馬とお茶と
I♥裏
オーケストラ楽器別人間学
作もぎぎ
どこをどう読んだらハープになるのよ!?
キィー
なんか美しいじゃないですか
ホホホ
それとのだめとどういう関係があるんだよ?
男子は
都会派の
エリートコー
峰くんだってヴァイオリンの人には見えないじゃないですか
ムキ

いやいや龍ちゃんのお母さまを見たときああ！ヴァイオリンだわ！って思ったわよ
裏軒《うらけん》の息子は仮の姿!!本当は不動産女王のボンボンよ!!
オレは親父の子だー!!
真澄ちゃんにお似合いの楽器マラカスやタンバリンについては書かれてませンね？
ふたつとも打楽器!!
まさに私の守備範囲よ
指揮者については何て…？
指揮者なんて目立ちたがり屋の女好きしかならない!!
断言!!
ミルヒー
松田
ナルシス!!
キライじゃないけど♡
あーなるほど
オレはちがう……
完！

単行本　一九九六年四月　草思社刊
文庫　　二〇〇二年九月　新潮文庫

「決定版」の刊行にあたり、本文を大幅に修正、再構成した。以下の項は書き下ろし。
第2章　楽器別人格形成論……「〇〇（楽器名）について」「吹奏楽の〇〇」
第3章　オーケストラ周辺の人々学……全体
第4章　有名人による架空オーケストラ……平成三〇年バージョン
また、「中公文庫版あとがき」と、マンガ「のだめ的オーケストラ楽器別人間学」（二ノ宮知子）を新たに付した。

中公文庫

決定版《けっていばん》

オーケストラ楽《がっ》器《き》別《べつ》人間《にんげん》学《がく》

2018年7月25日　初版発行

著　者　茂《も》木《ぎ》 大《だい》輔《すけ》

発行者　松 田 陽 三

発行所　中央公論新社

〒100-8152　東京都千代田区大手町1-7-1
電話　販売 03-5299-1730　編集 03-5299-1890
URL http://www.chuko.co.jp/

DTP　平面惑星
印　刷　三晃印刷
製　本　小泉製本

Published by CHUOKORON-SHINSHA, INC.
Printed in Japan　ISBN978-4-12-206618-2 C1173

中公文庫既刊より

各書目の下段の数字はISBNコードです。978－4－12が省略してあります。

も-27-1
オーケストラは素敵だ　オーボエ吹きの修行帖
茂木　大輔
たったひとつの空席をめぐって火花を散らすオーディション。その修羅場をくぐり抜けてオケに入団し、プロ奏者になるまでの修行の記録。〈解説〉筒井康隆
204736-5

も-27-3
オケマン大都市交響詩　オーボエ吹きの見聞録
茂木　大輔
パリでカツ丼を食べそこない、ウィーンでは美しくも青くもないドナウを見て……。オーボエ奏者として訪れた26都市での爆笑音楽エッセイ。〈解説〉檀　ふみ
204775-4

も-27-4
拍手のルール　秘伝クラシック鑑賞術
茂木　大輔
演奏会での正しい拍手の仕方とは？　今さら聞けないその疑問にお答えします。もっと音楽を楽しみたい人のための、爆笑感嘆必携ガイド。〈解説〉内田春菊
205532-2

あ-27-3
名曲決定盤（上）器楽・室内楽篇
あらえびす
クライスラー、エルマンの歴史的名演奏を始め、コルトー、カサルスなど苦心の蒐集盤一万枚をもとに情熱的な筆致で音楽を語る、あらえびす＝野村胡堂の名著。
206131-6

あ-27-4
名曲決定盤（下）声楽・管弦楽篇
あらえびす
トスカニーニ、フルトヴェングラーの交響曲、ソプラノのレーマン、バスのシャリアピン、名盤を聴き抜いた耳と情熱の筆がレコード愛を語る。〈解説〉山崎浩太郎
206147-7

さ-53-1
大作曲家たちの履歴書（上）
三枝　成彰
家系、宗教、作曲態度から精神状態、女性関係……大作曲家の姿を忌憚なく描き出すクラシックファン必携のデータブック。バッハからワーグナーまで。
205240-6

さ-53-2
大作曲家たちの履歴書（下）
三枝　成彰
女性観、家庭環境、作曲家同士の関係、名曲の歴史的背景など、クラシック音楽が身近になる、大作曲家たちの横顔。ヴェルディからストラヴィンスキーまで。
205241-3

つ-28-1
バイオリニストに花束を　鶴我裕子
居候の修業時代、もぐりで聴いたカラヤンの〝とてつもない何か〟、N響での指揮者や演奏会・演奏旅行の思い出。のびやかな筆致で綴られた音楽的日々雑記。
205878-1

な-62-1
オーケストラ、それは我なり　朝比奈隆　四つの試練　中丸美繪
九十三歳で死去するまで現役で指揮しつづけた巨匠・朝比奈隆。知られざる生いたちから栄光の晩年まで、その生涯の光と陰を描く決定版評伝。〈解説〉中野　雄
205627-5

お-63-1
同じ年に生まれて　音楽、文学が僕らをつくった　小澤征爾　大江健三郎
一九三五年に生まれた世界的指揮者とノーベル賞作家。「今のうちにもっと語りあっておきたい――。」この思いが実現し、二〇〇〇年に対談はおこなわれた。
204317-6

わ-22-1
聴衆の誕生　ポスト・モダン時代の音楽文化　渡辺　裕
クラシック音楽はいつから静かに真面目に聴くものになったのか？　文化的、社会的背景と聴衆の変化から読み解く画期的音楽史。サントリー学芸賞受賞作。
205607-7

な-27-1
チャイコフスキー・コンクール　ピアニストが聴く現代　中村紘子
世界的コンクールの舞台裏を描き、国際化時代のクラシック音楽の現状と未来を鮮やかに洞察する長篇エッセイ。大宅壮一賞受賞作。〈解説〉吉田秀和
201858-7

な-27-2
どこか古典派《クラシック》　中村紘子
世界中の「ピアニストの領分」を出たり入ったり。名ピアニストが言葉で奏でる、自由気ままなエッセイは、やっぱりどこか古典派。〈解説〉小林研一郎
204104-2

な-27-3
コンクールでお会いしましょう　名演に飽きた時代の原点　中村紘子
今なぜ世界中でクラシック音楽のピアノコンクールがさかんなのか。その百年にわたる光と影を語って、クラシック音楽の感動の原点を探る。〈解説〉苅部　直
204774-7

な-27-4
ピアニストという蛮族がいる　中村紘子
ホロヴィッツ、ラフマニノフら、巨匠たちの天才ぶりを軽妙に綴り、幸田延、久野久の悲劇的な半生が感動を呼ぶ。文藝春秋読者賞受賞作。〈解説〉向井　敏
205242-0

各書目の下段の数字はISBNコードです。978－4－12が省略してあります。

な-27-5
アルゼンチンまでもぐりたい 中村 紘子
著者ならではの、鋭い文明批評と、地球の裏側まで、穴があったら入りたいほどの失敗談。音楽の周囲に集まるとっておきのエピソード。〈解説〉檀 ふみ
205331-1

あ-64-1
ドビュッシー 想念のエクトプラズム 青柳いづみこ
印象主義という仮面の下に覗くデカダンスの黒い影。従来のドビュッシー観を一新し、その悪魔的な素顔に斬り込んだ画期的評伝。〈解説〉池上俊一
205002-0

あ-64-2
ピアニストが見たピアニスト 名演奏家の秘密とは 青柳いづみこ
二十世紀の演奏史を彩る六人の名ピアニストの技と心の秘密を、同じ演奏家としての直観と鋭い洞察で鮮やかに解き明かした「禁断の書」。〈解説〉最相葉月
205269-7

あ-64-3
音楽と文学の対位法 青柳いづみこ
ショパン、シューマンはじめ、六人の大作曲家と同時代の文学との関わりに、モノ書きピアニストの切り口で光を当てた比較芸術論。〈解説〉鴻巣友季子
205317-5

あ-64-4
ピアニストは指先で考える 青柳いづみこ
ピアニストが奏でる多彩な音楽には、どんな秘密が隠されているのか。演奏家、文筆家として活躍する著者が、ピアニストの身体感覚にせまる。〈解説〉池辺晋一郎
205413-4

あ-64-5
六本指のゴルトベルク 青柳いづみこ
小説のなかに取り込まれた数々の名曲。無類の読書家でもあるピアニストが、音楽がもたらす深い意味を読み解く。講談社エッセイ賞受賞作。〈解説〉中条省平
205681-7

あ-64-6
我が偏愛のピアニスト 青柳いづみこ
内外で活躍する日本人ピアニスト一〇人。彼らと語り合う至福のとき。同業者ならではの共感と切り込みで、互いの共通項、相違点を炙りだす。〈解説〉三木 卓
205891-0

あ-64-7
ドビュッシーとの散歩 青柳いづみこ
ドビュッシーの演奏・解釈の第一人者が、偏愛するピアノ作品四〇余曲に寄せたエッセイ集。怪奇趣味、東洋幻想まで、軽やかな文体で綴る。〈解説〉小沼純一
206226-9

あ-64-8
ピアニストたちの祝祭　唯一無二の時間を求めて
青柳いづみこ
日本国内のクラシック・イベントに密着。同業のピアニストのステージを、克明にとらえた音楽祭見聞録。自ら出演した舞台裏も活写する。〈解説〉篠田節子
206420-1

つ-6-13
東海道戦争
筒井康隆
東京と大阪の戦争が始まった!! 戦闘機が飛び、重装備の地上部隊に市民兵がつづく。斬新な発想で現代を鋭く諷刺する処女作品集。〈解説〉大坪直行
202206-5

つ-6-14
残像に口紅を
筒井康隆
「あ」が消えると、「愛」も「あなた」もなくなった。ひとつ、またひとつと言葉が失われてゆく世界で、執筆し、飲食し、交情する小説家。究極の実験的長篇。
202287-4

つ-6-17
パプリカ
筒井康隆
美貌のサイコセラピスト千葉敦子のもう一つの顔は、男たちの夢にダイヴする〈夢探偵〉パプリカ。人間心理の深奥に迫る禁断の長篇小説。〈解説〉川上弘美
202832-6

つ-6-20
ベトナム観光公社
筒井康隆
新婚旅行には土星に行く時代、装甲遊覧車でベトナムへ戦争大スペクタクル見物に出かけた。戦争を戯画化する表題作他初期傑作集。〈解説〉中野久夫
203010-7

つ-6-21
虚人たち
筒井康隆
小説形式からその恐ろしいまでの〝自由〟に、現実の制約は蒼ざめ、読者さえも立ちすくむ、前人未到の長篇問題作。泉鏡花賞受賞。〈解説〉三浦雅士
203059-6

つ-6-23
小説のゆくえ
筒井康隆
小説に未来はあるか。永遠の前衛作家が現代文学へ熱きエールを贈る「現代世界と文学のゆくえ」ほか、断筆宣言後に綴られたエッセイ100篇の集成。〈解説〉青山真治
204666-5

つ-6-24
アルファルファ作戦
筒井康隆
老人問題への温かい心情を示した表題作はじめ、著者の諷刺魂が見事に発揮されたSF集――おとなの恐怖と笑いに満ちた傑作九篇。〈解説〉曽野綾子
206261-0

各書目の下段の数字はISBNコードです。978-4-12が省略してあります。

番号	シリーズ	タイトル	サブタイトル	著者	内容	ISBN
S-21-1	マンガ名作オペラ1	ニーベルングの指環 上	序夜 ラインの黄金・第一夜 ワルキューレ	里中満智子	全集の開幕にふさわしい、神話世界を描いた壮大な作品、ニーベルング。世界を滅ぼすとの呪いをかけられた黄金の指環。欲望渦巻く神々の世界を描く前編。	204749-5
S-21-2	マンガ名作オペラ2	ニーベルングの指環 下	第二夜 ジークフリート・第三夜 神々の黄昏	里中満智子	ジークムントの忘れ形見ジークフリートとブリュンヒルデの全てを焼き尽くす愛の行方は？世界に破滅をもたらすニーベルングの指環は誰の手に渡るのか？	204750-1
S-21-3	マンガ名作オペラ3	椿姫	アイーダ/リゴレット/マクベス	里中満智子	イタリアを代表する、オペラ王ヴェルディ！パリを舞台とした華麗で繊細な若き男女の甘く切ない愛！他に「アイーダ」「リゴレット」「マクベス」を収録。	204779-2
S-21-4	マンガ名作オペラ4	カルメン	トリスタンとイゾルデ/サムソンとデリラ	里中満智子	放たれた真紅の花は妖婦カルメンの狂乱の愛の調べ！他に「トリスタンとイゾルデ」「サムソンとデリラ」を収録。究極の愛と死をドラマチックに描く三篇。	204793-8
S-21-5	マンガ名作オペラ5	トゥーランドット	蝶々夫人/ラ・ボエーム	里中満智子	プッチーニ描く、異国情緒に満ちた「トゥーランドット」。母国へ去った夫を待ち続ける悲しき歌「蝶々夫人」。ボヘミアンを詩情豊かに描く「ラ・ボエーム」。	204803-4
S-21-6	マンガ名作オペラ6	フィガロの結婚	魔笛/ドン・ジョバンニ/セビリアの理髪師	里中満智子	人生の楽しみと皮肉に満ちたモーツァルトの歌劇の世界へ。表題作他「魔笛」「ドン・ジョバンニ」。フィガロの結婚の前段、ロッシーニ「セビリアの理髪師」。	204820-1
S-21-7	マンガ名作オペラ7	サロメ	ナクソス島のアリアドネ/こうもり/ナブッコ	里中満智子	官能美を追求したR.シュトラウスの表題作。ギリシア悲劇を劇中劇とした「ナクソス島のアリアドネ」。他にJ.シュトラウス「こうもり」。佳作、「ナブッコ」。	204825-6
S-21-8	マンガ名作オペラ8	トスカ	マノン・レスコー/ローエングリン	里中満智子	伊歌劇の粋。プッチーニ作の悲劇「トスカ」。美故に罪多き女を描く「マノン・レスコー」。中世ゲルマンの伝説を描く、ワーグナー「ローエングリン」を収録。	204846-1